D1258391

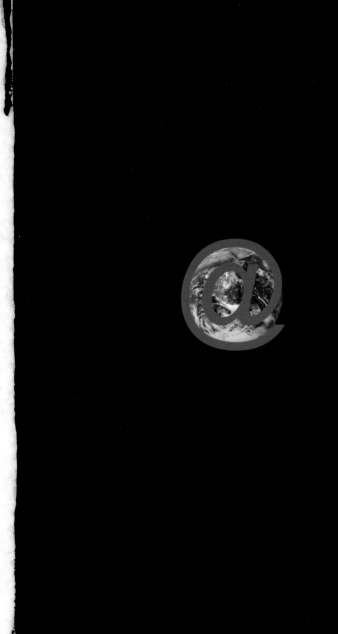

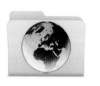 5

 29

 53

 91

 III

 141

 157

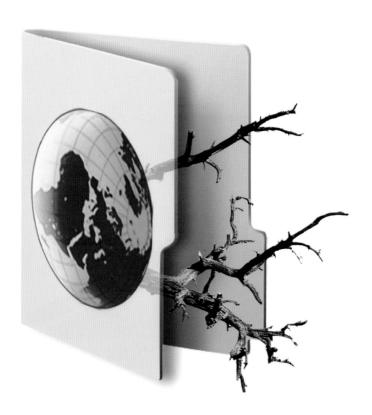

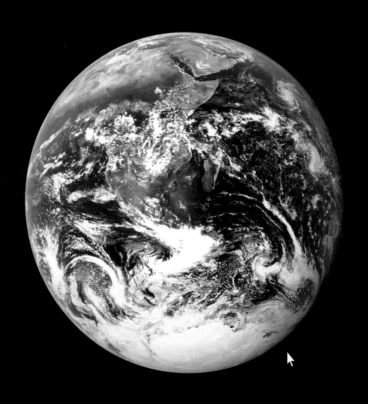

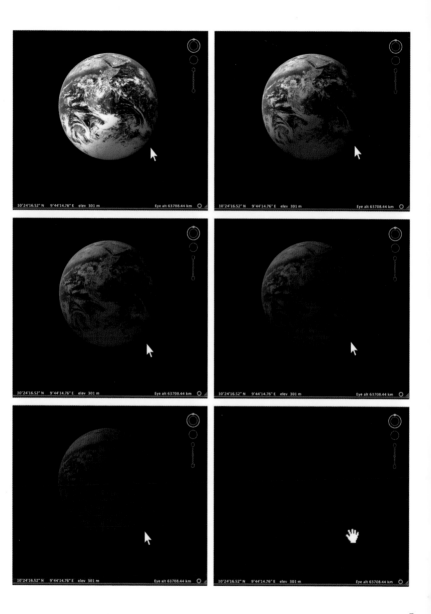

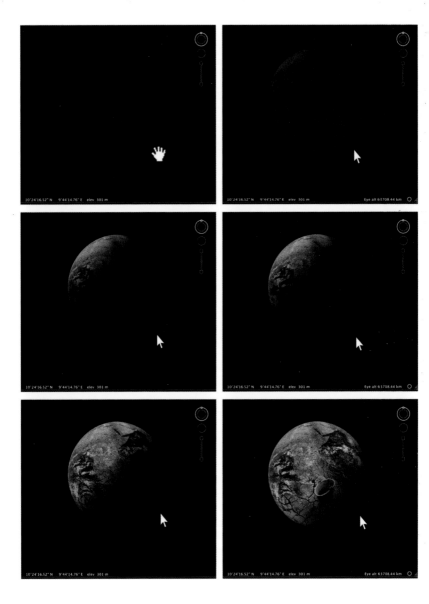

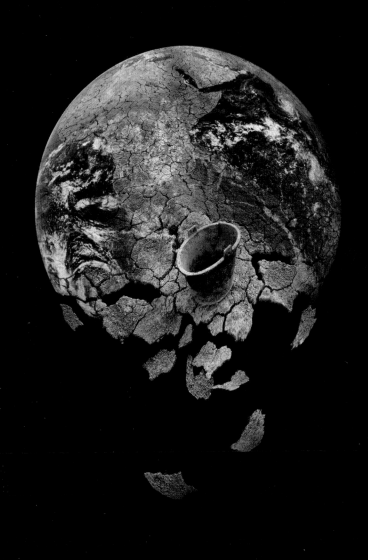

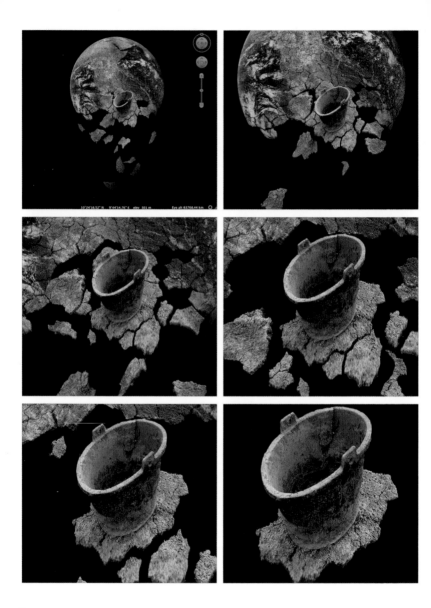

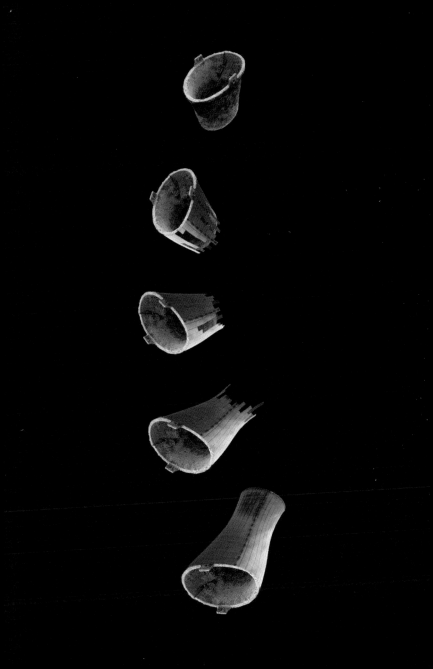

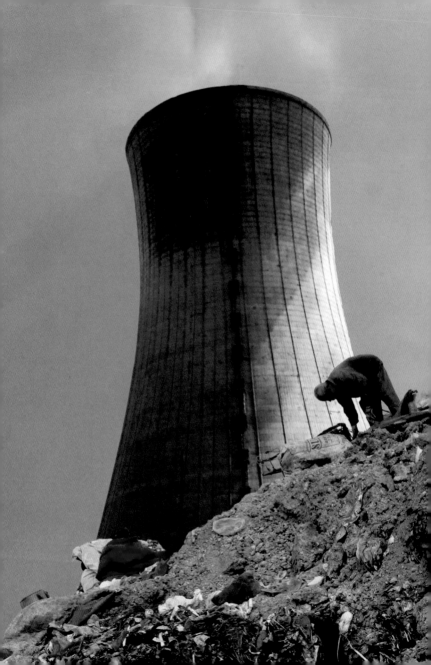

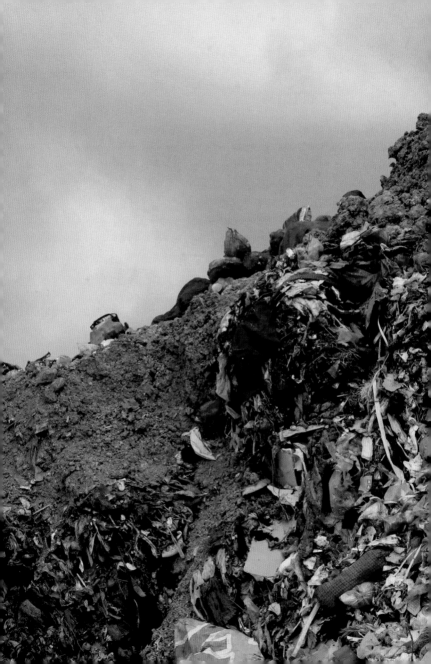

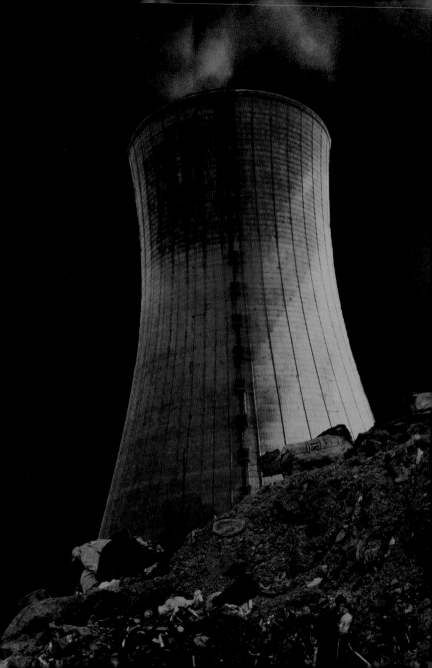

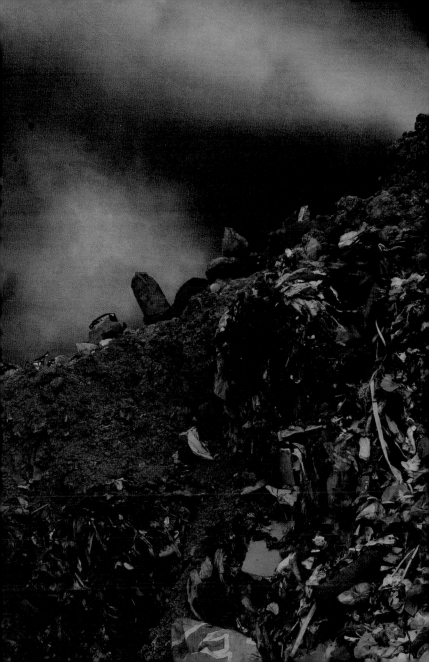

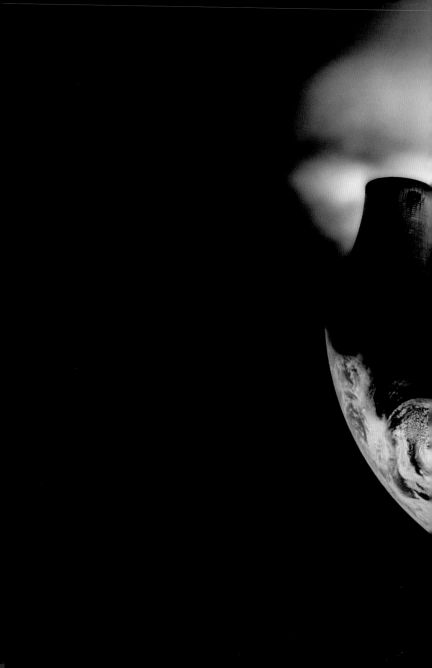

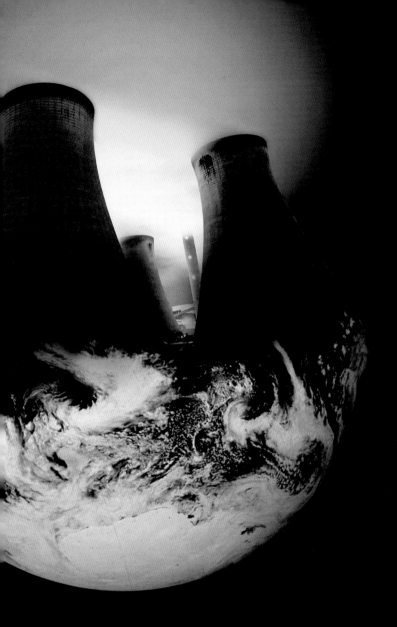

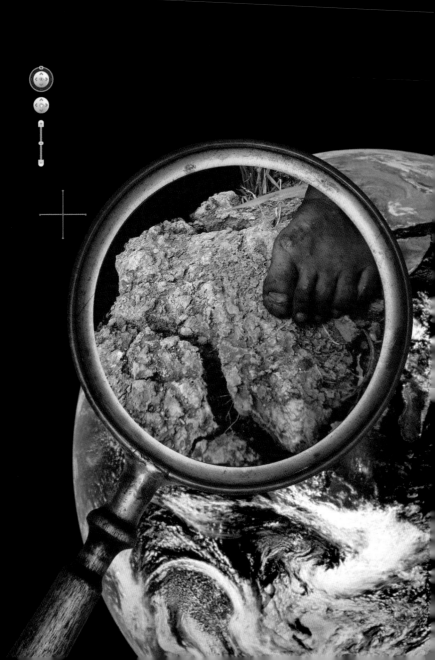

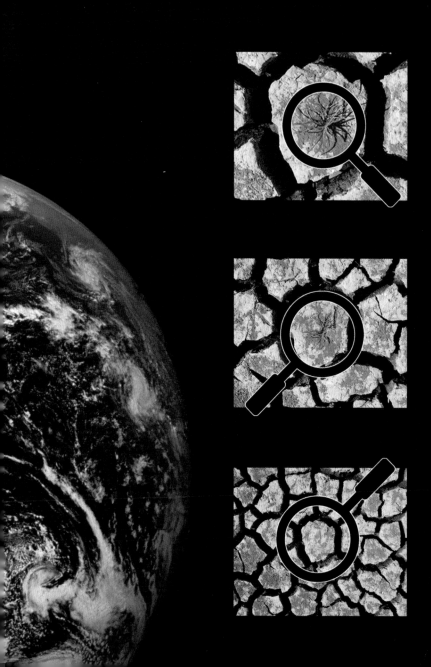

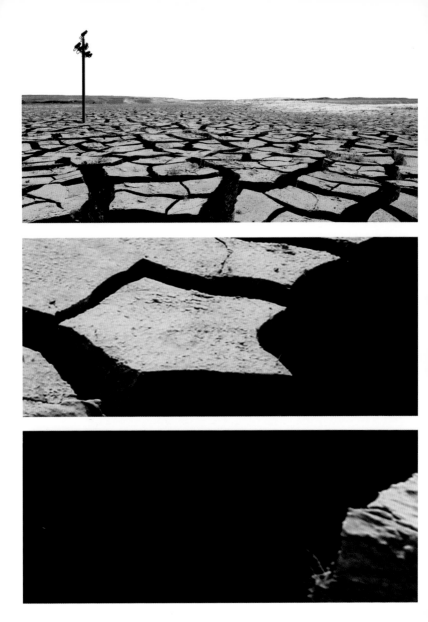

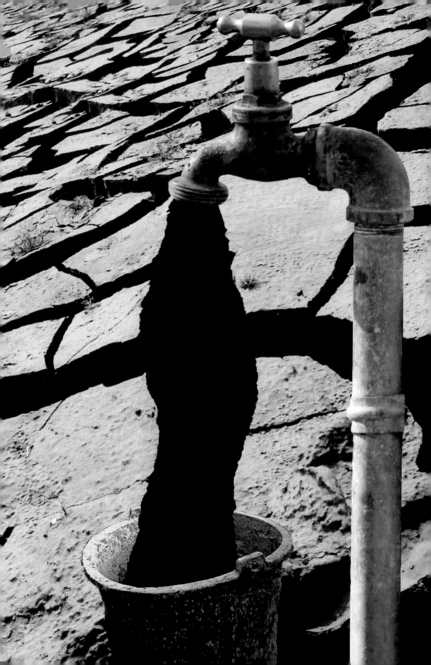

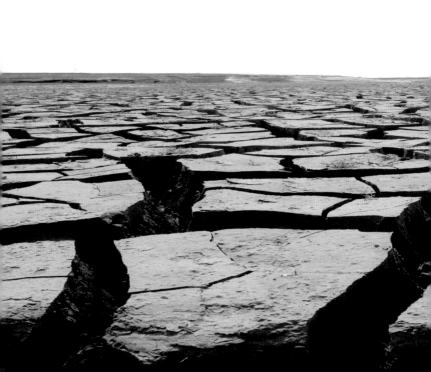

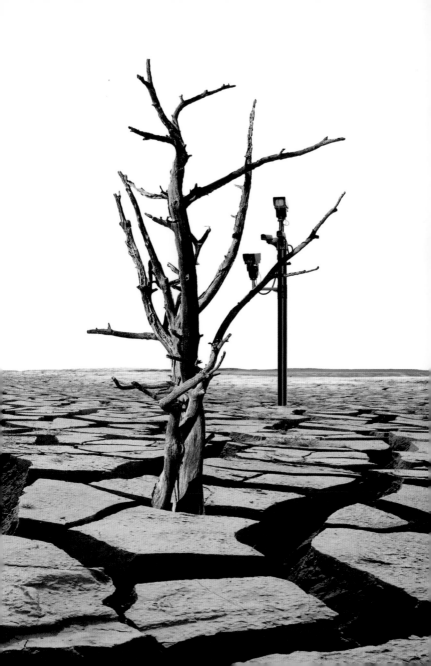

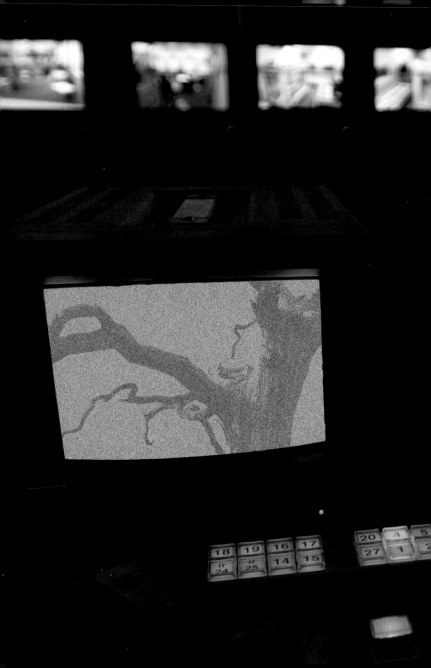

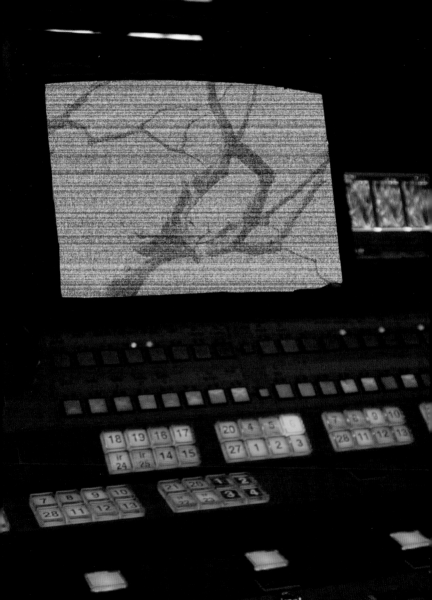

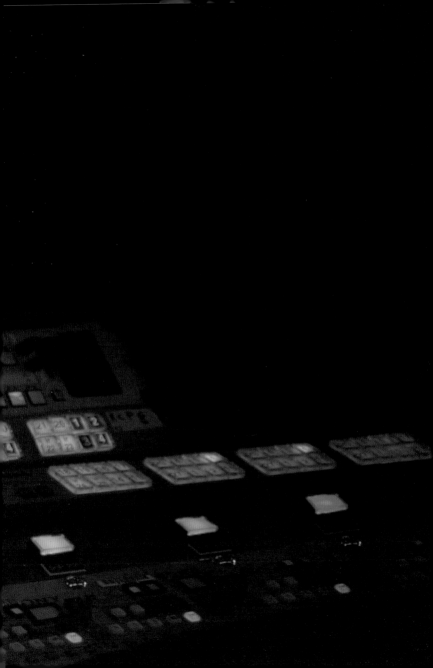

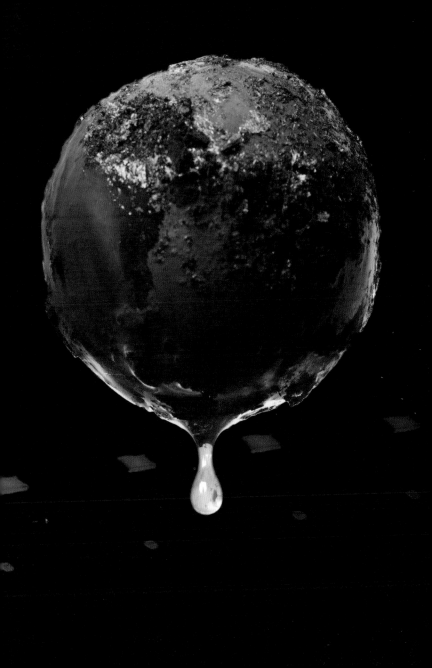

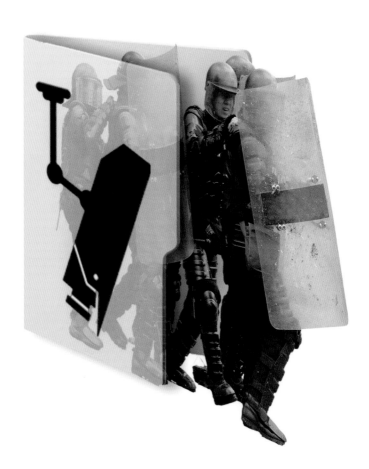

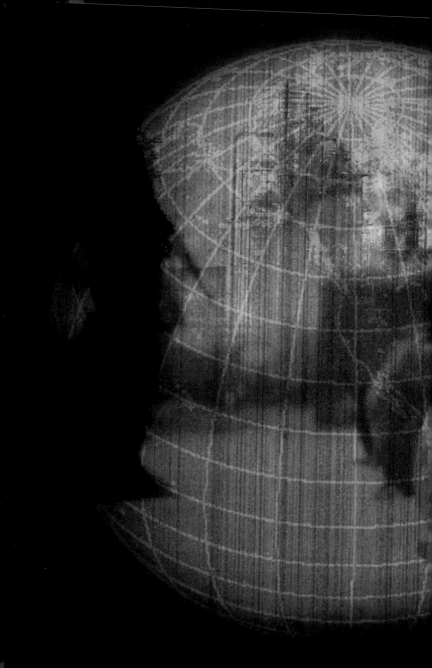

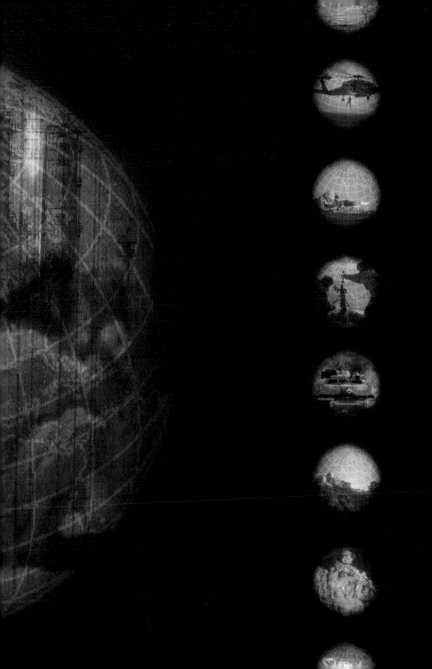

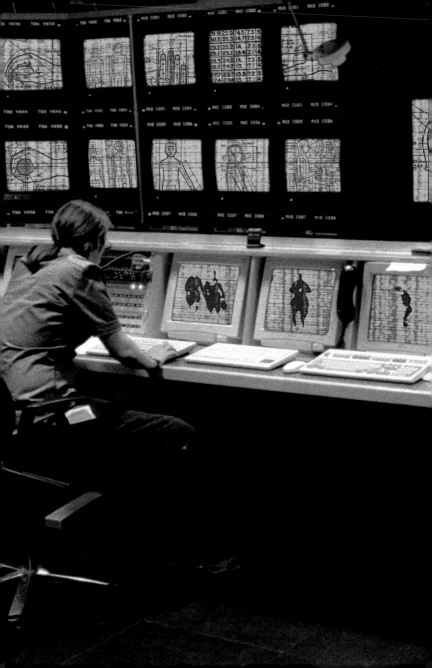

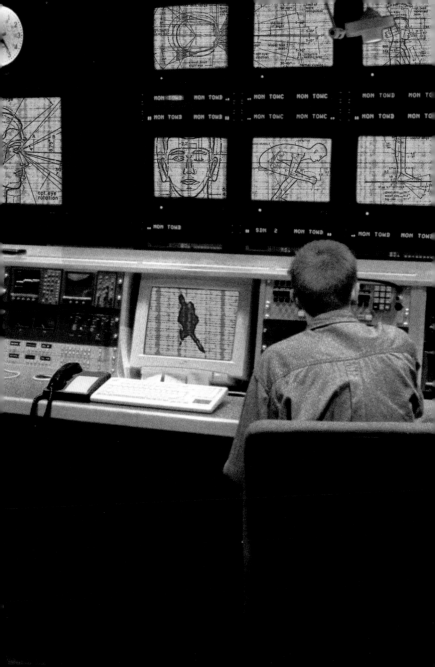

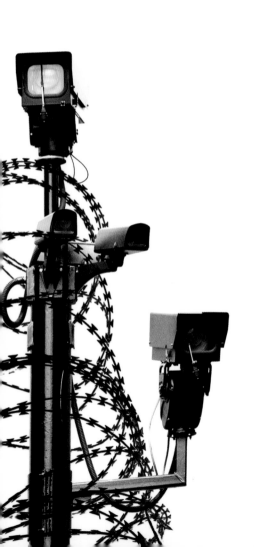

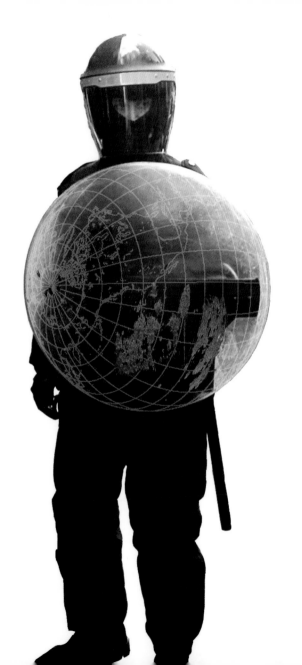

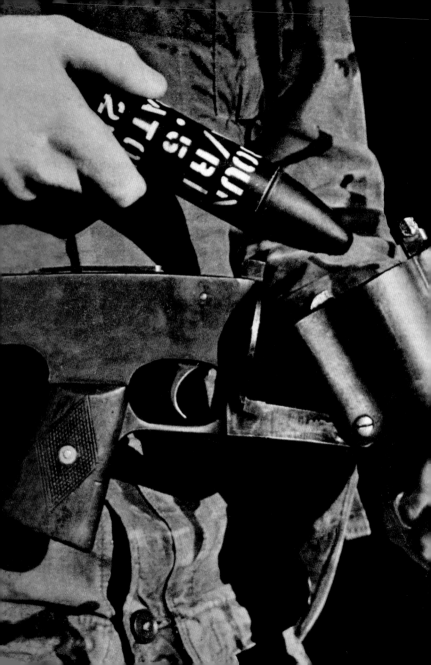

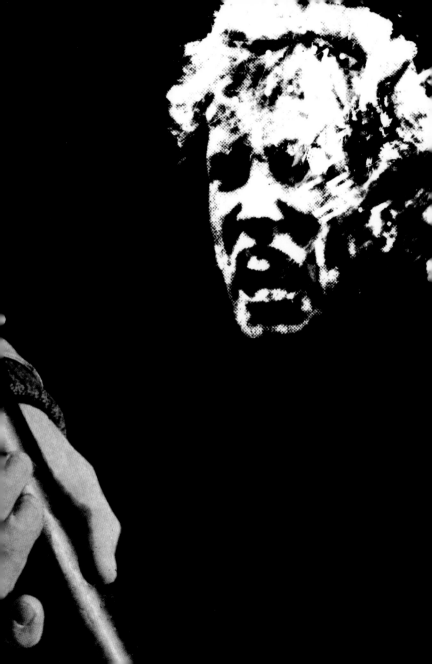

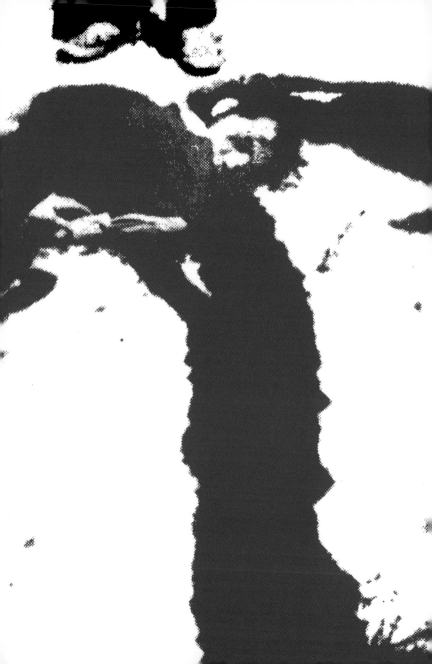

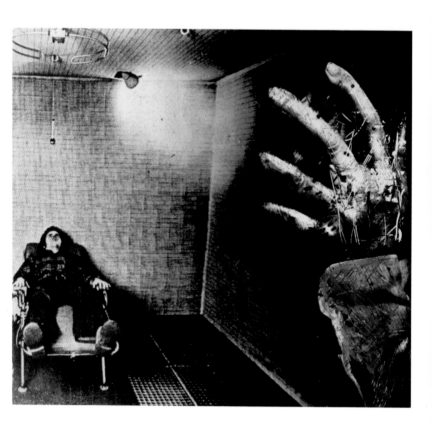

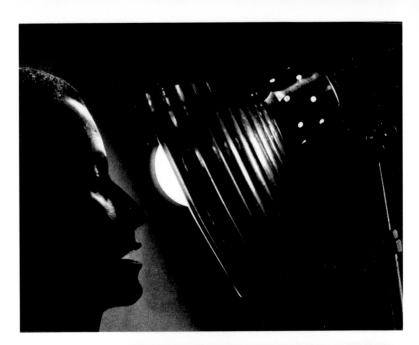

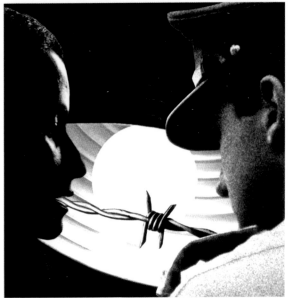

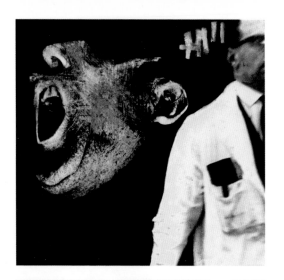

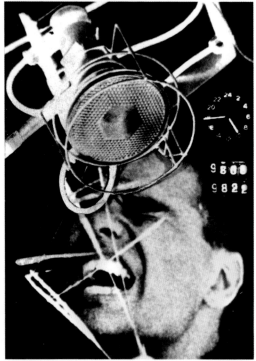

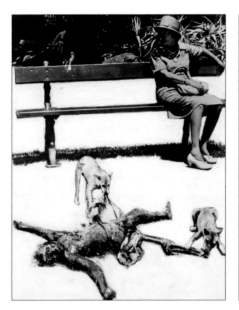
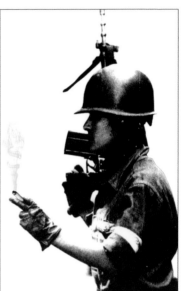
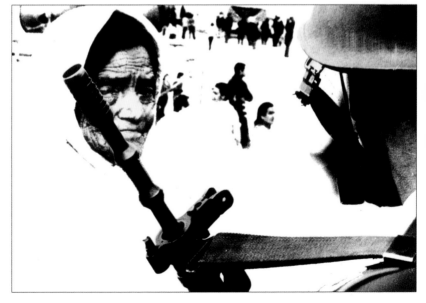

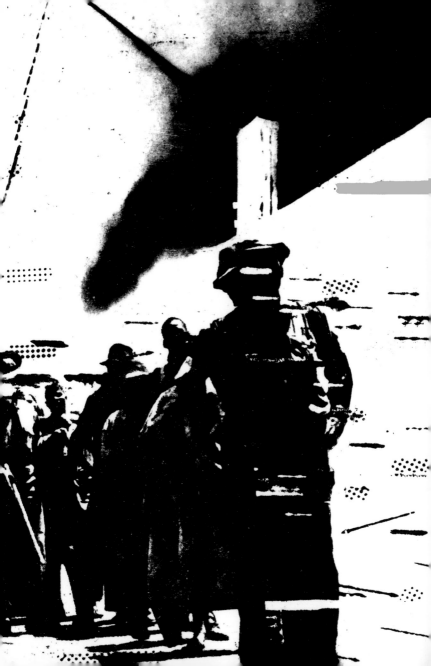

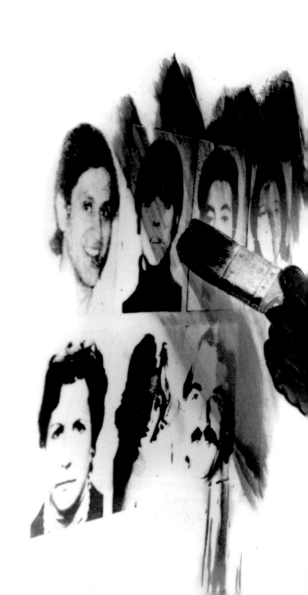

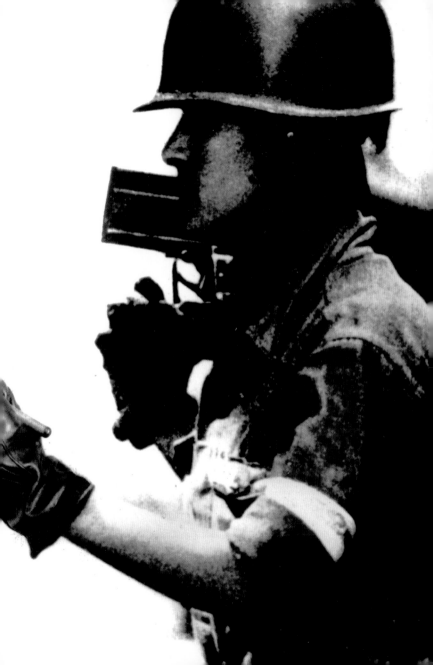

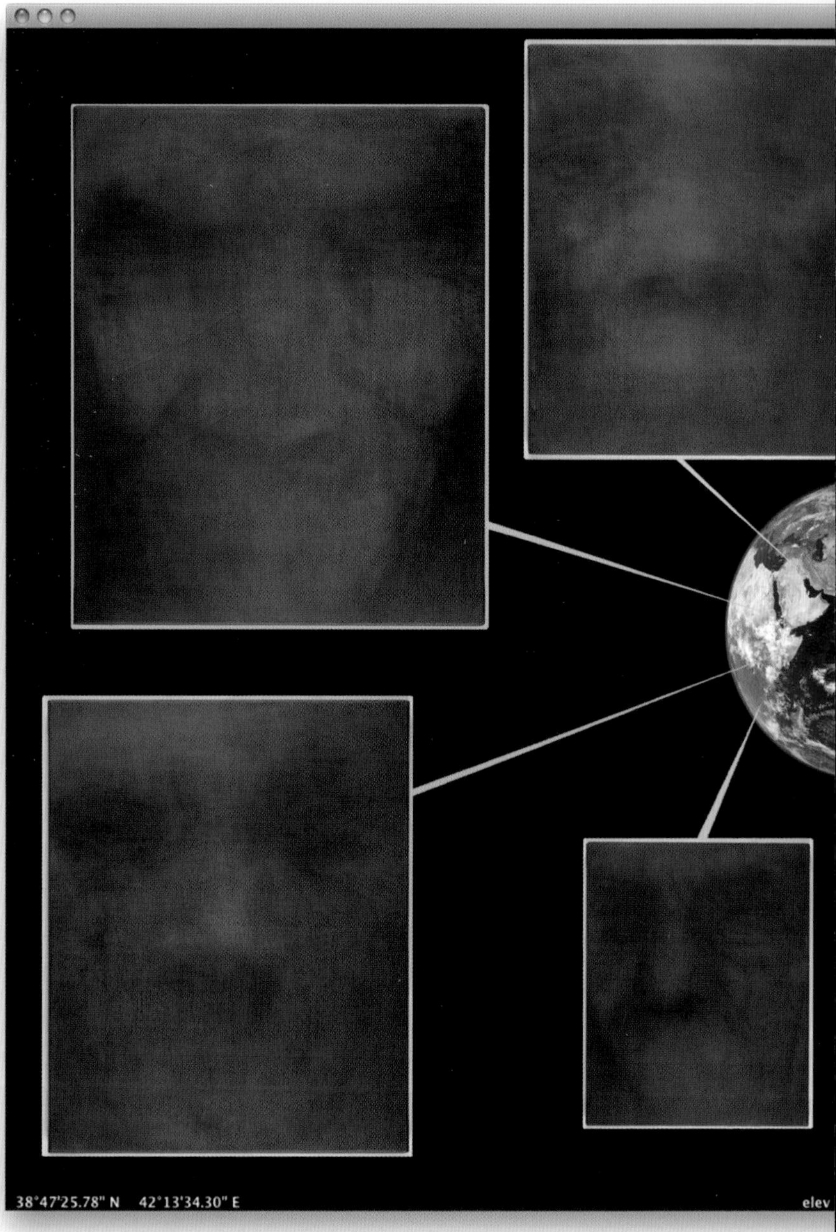
38°47'25.78" N   42°13'34.30" E
elev

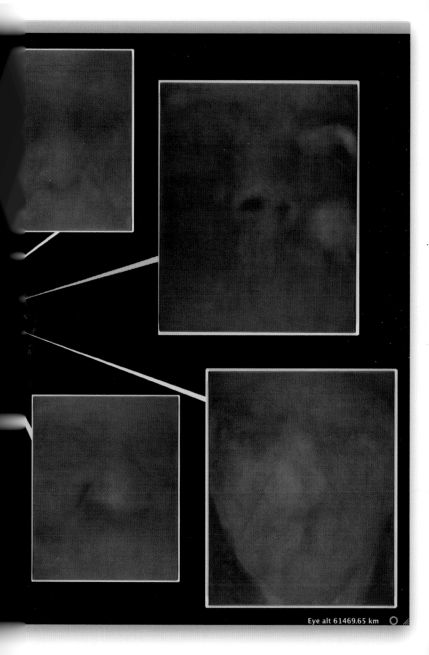

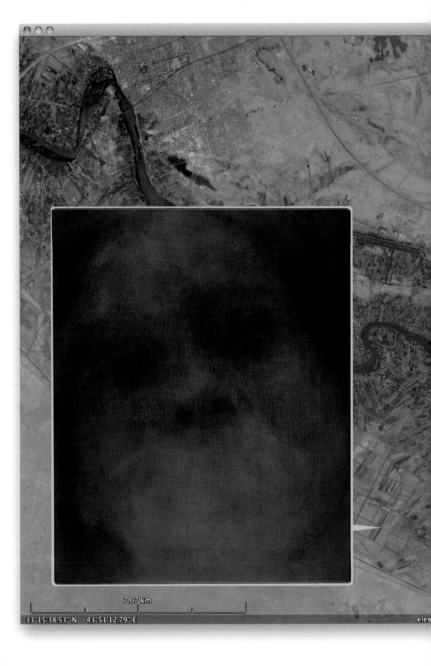

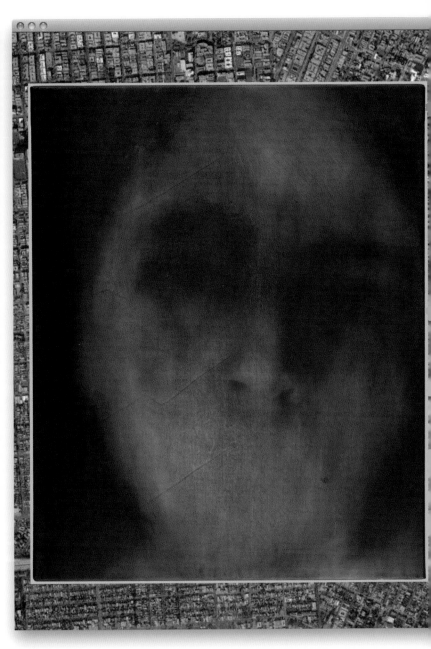

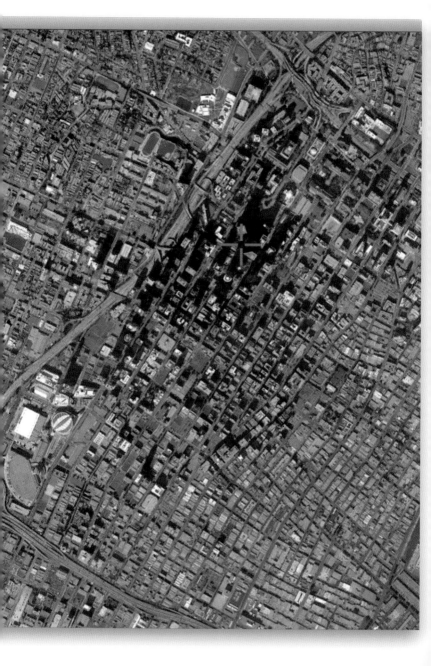

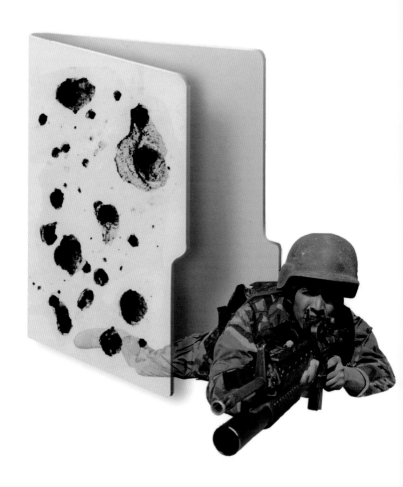

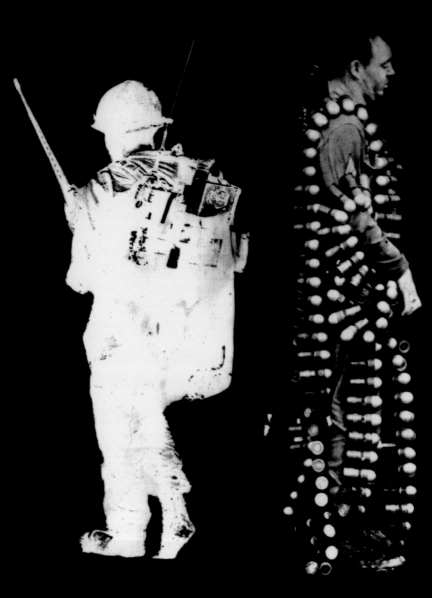

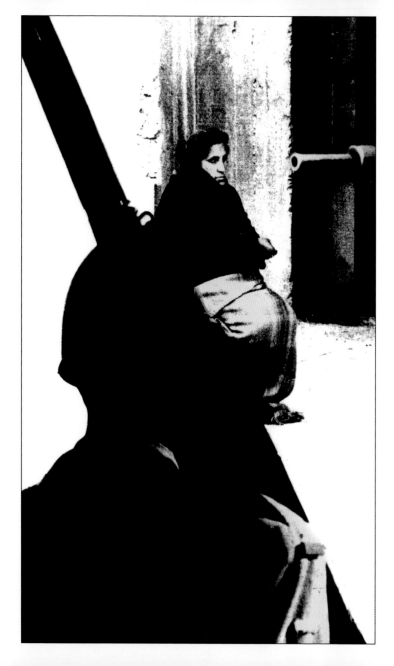

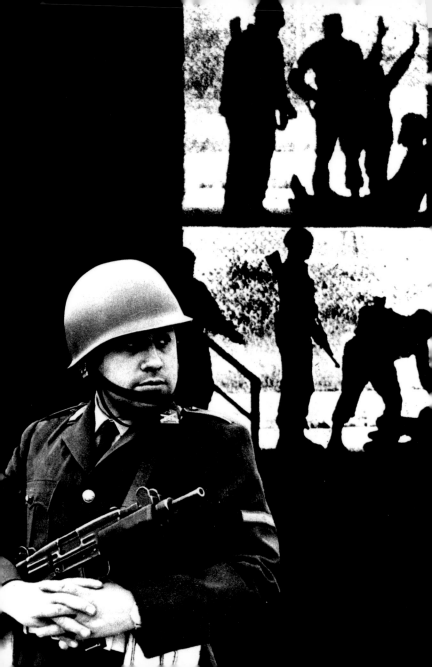

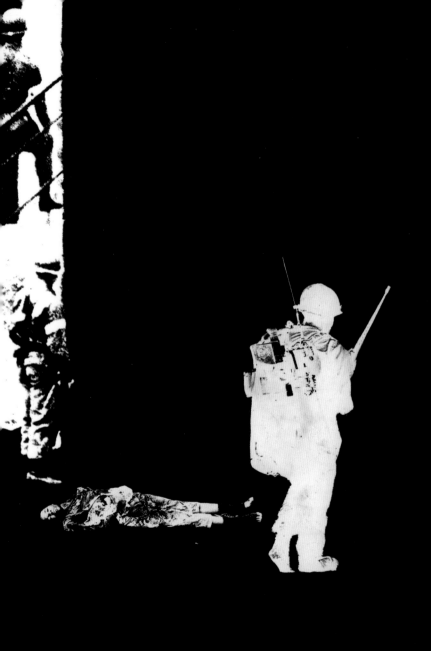

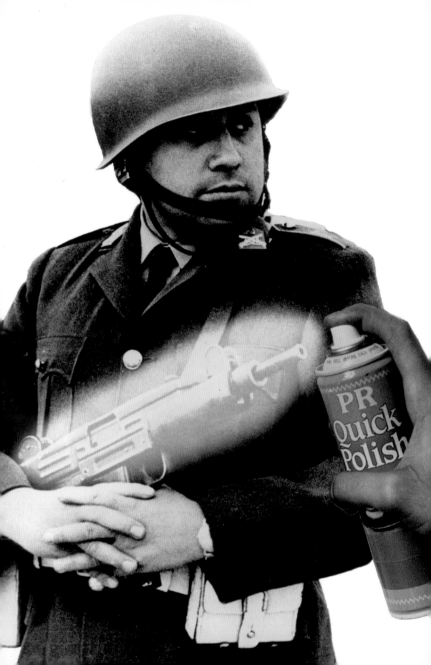

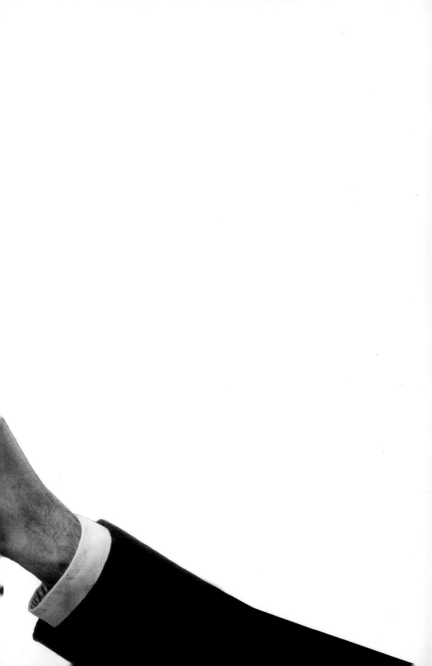

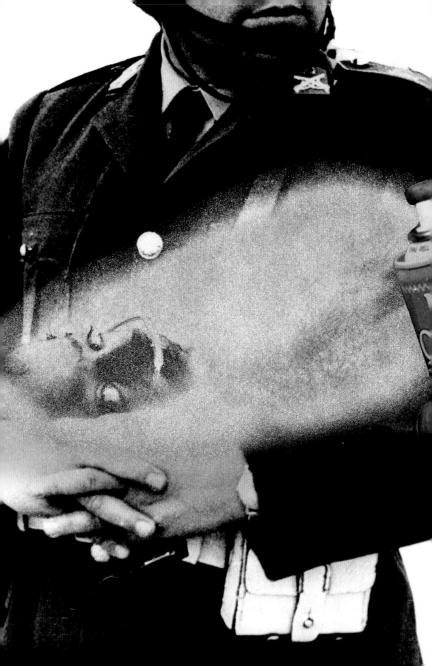

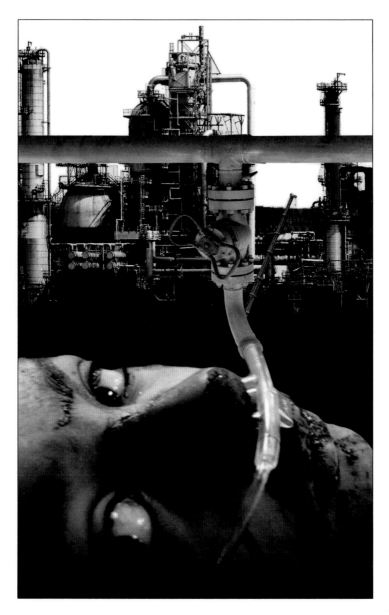

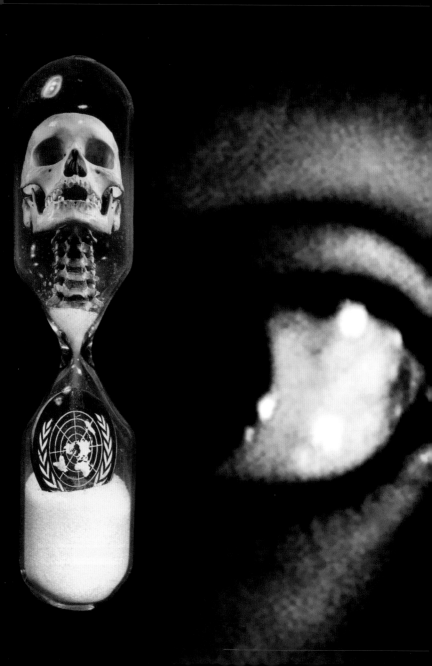

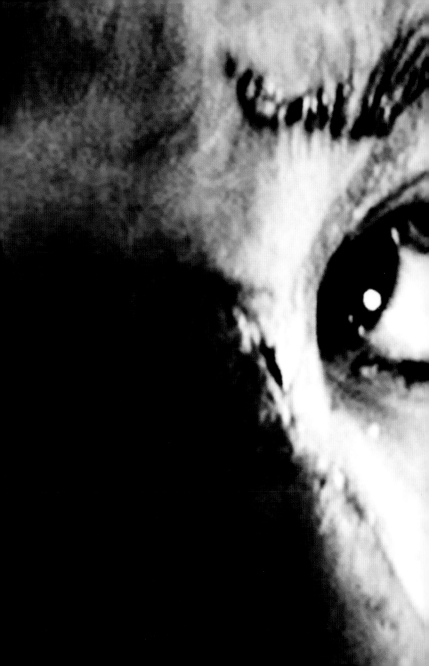

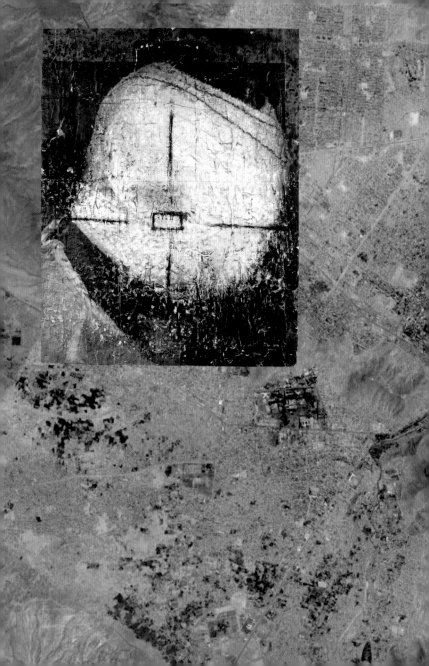

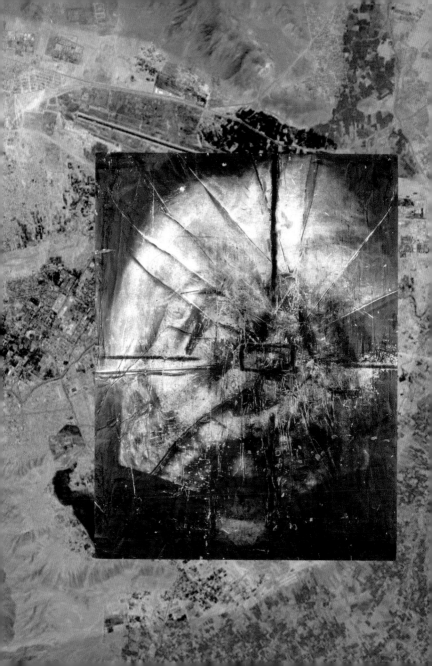

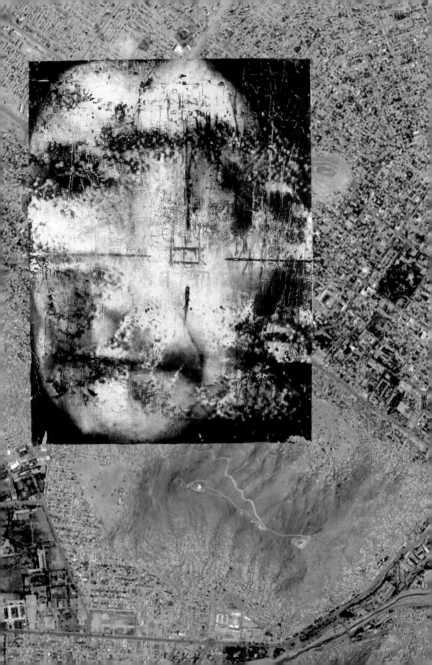

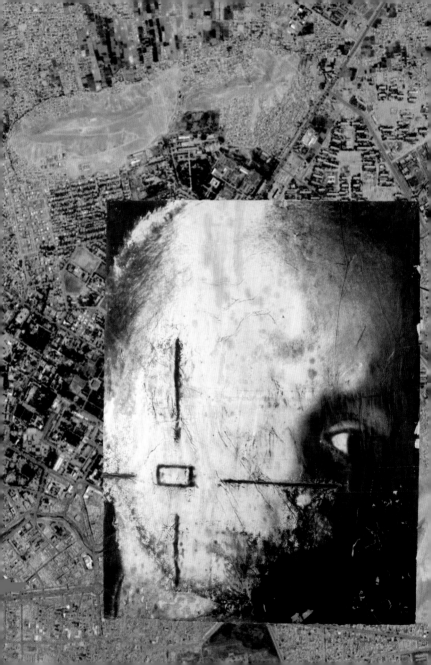

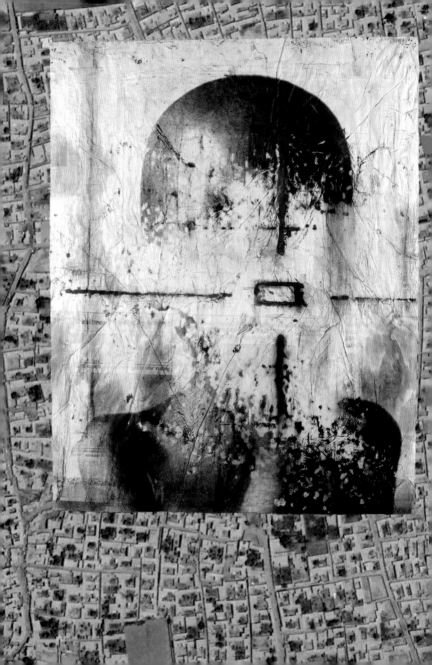

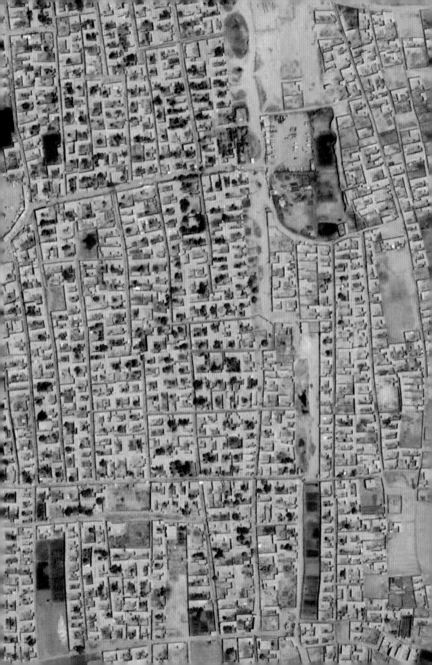

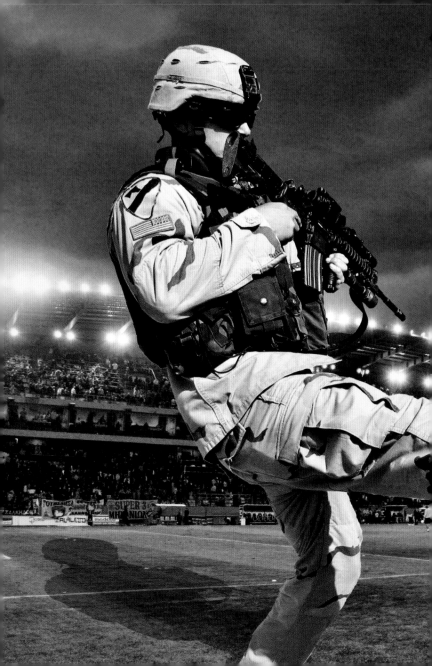

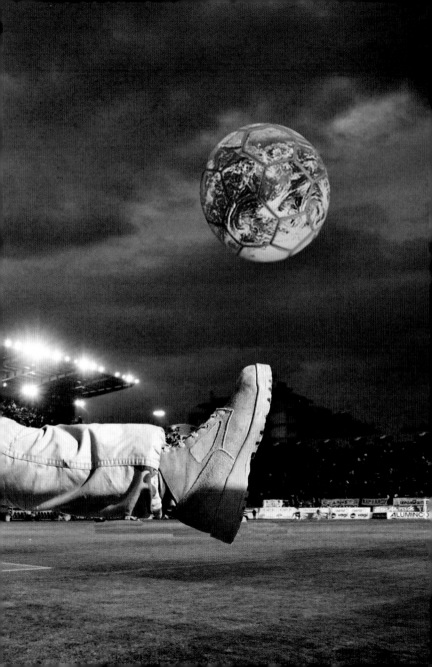

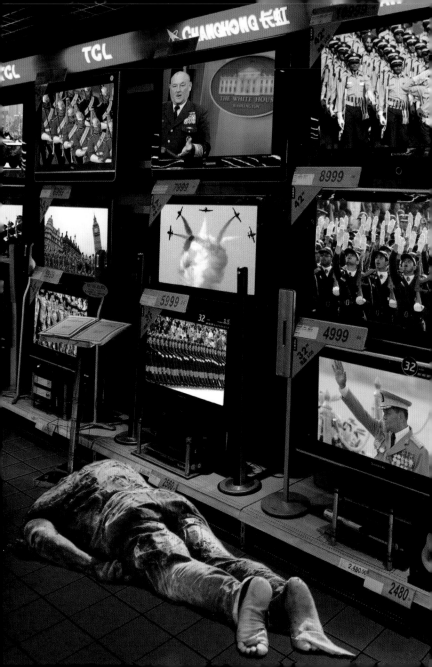

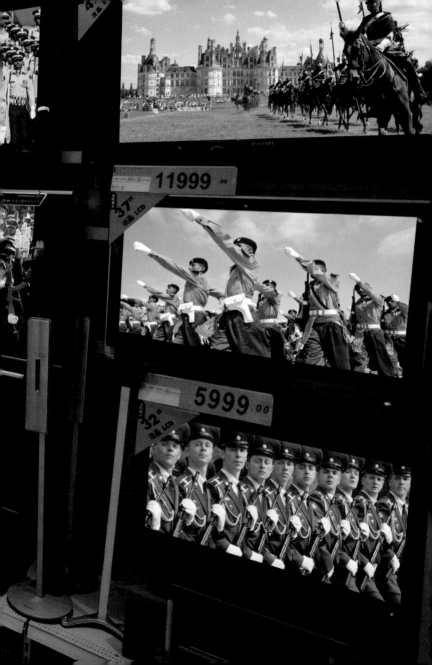

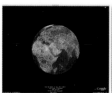
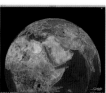
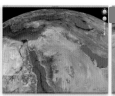

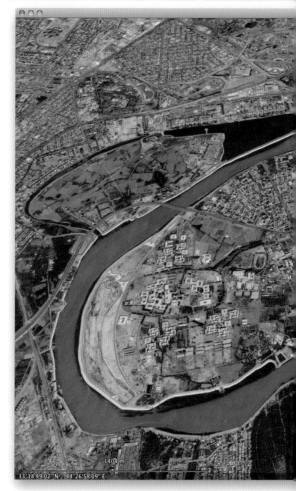

140 m

33°18'49.02" N   44°26'58.09" E

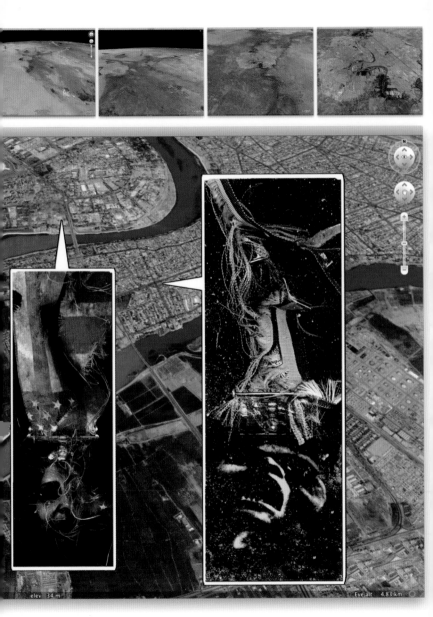

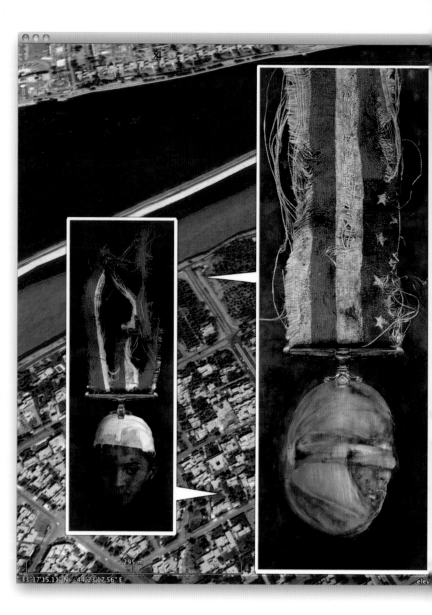

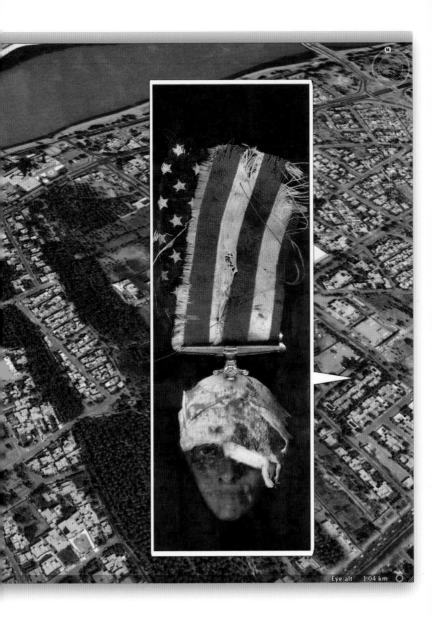

77

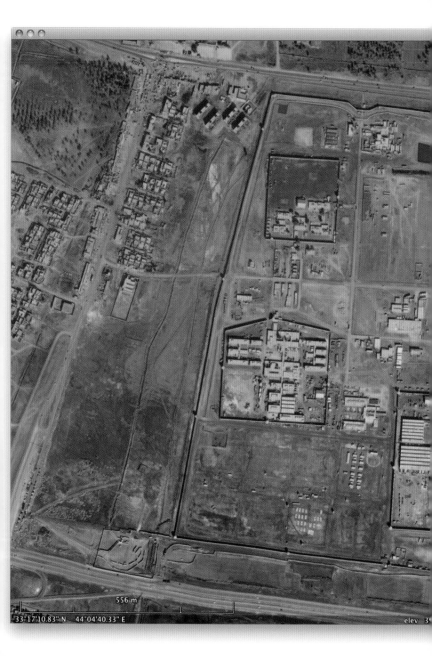

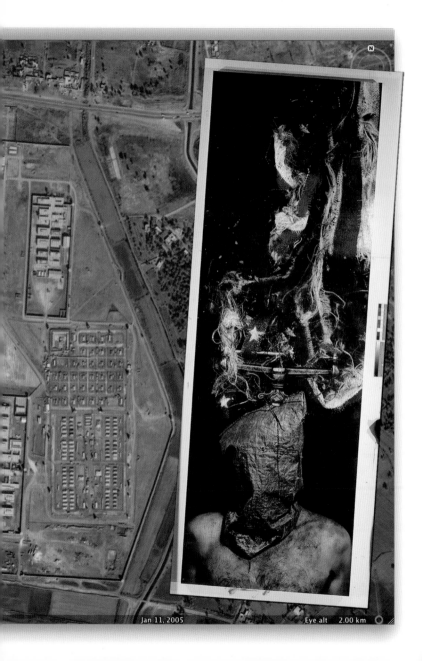

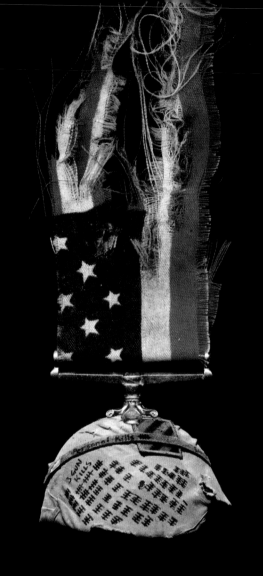

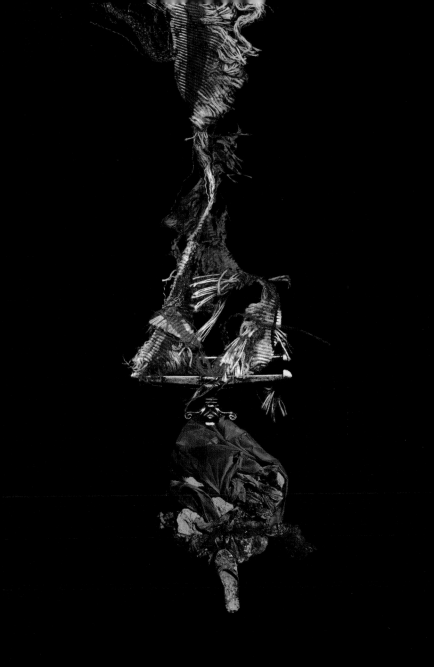

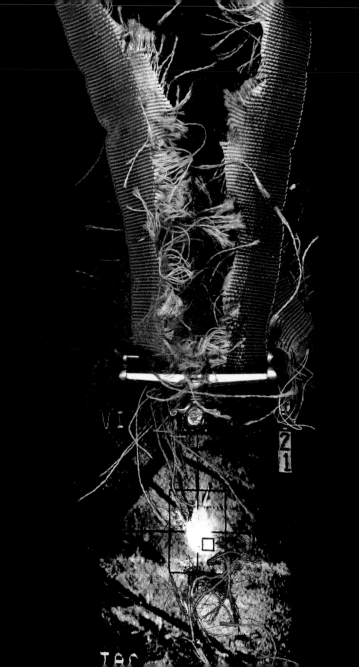

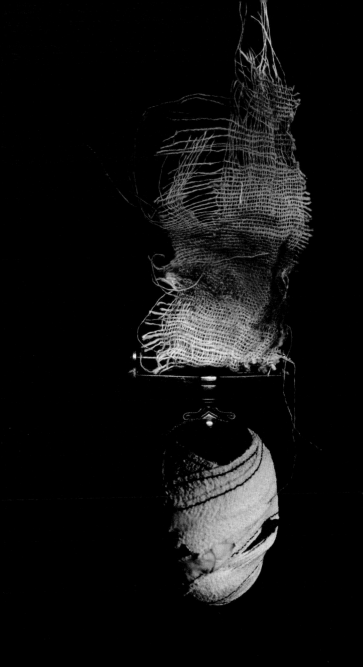

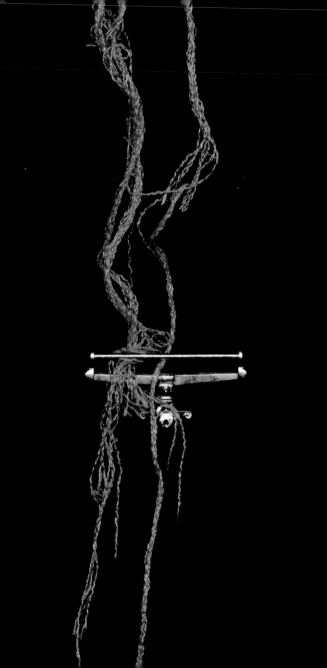

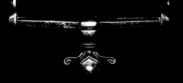

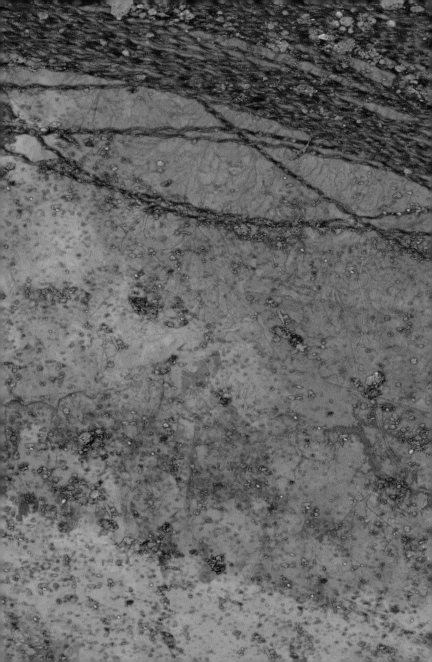

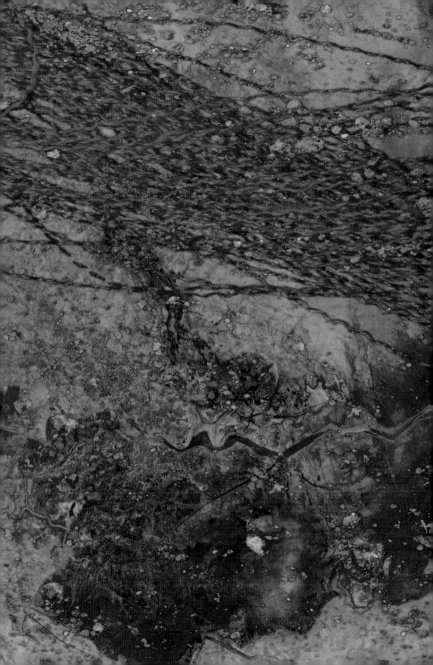

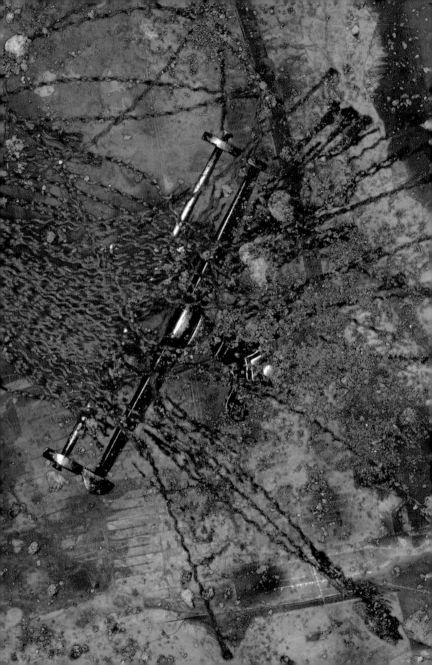

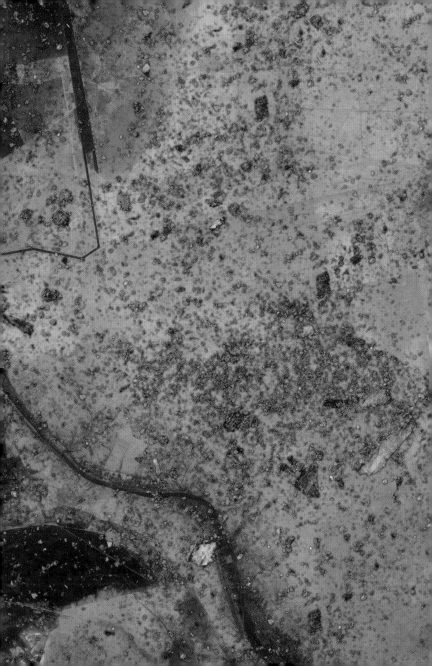

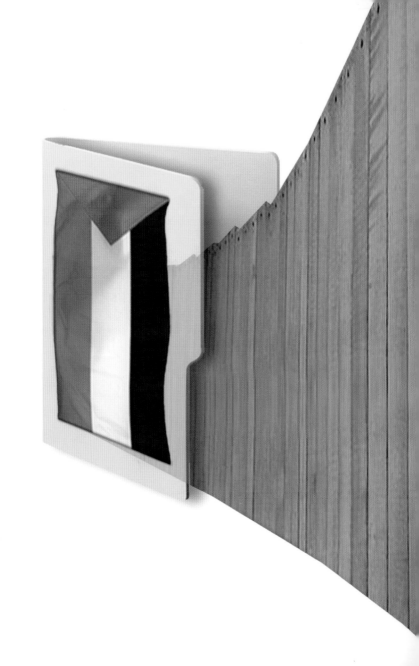

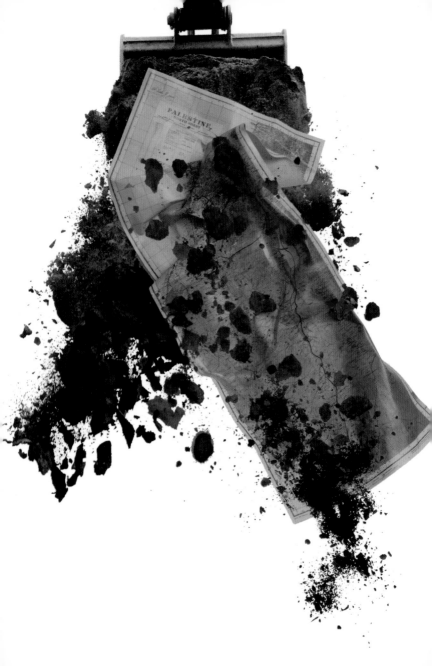

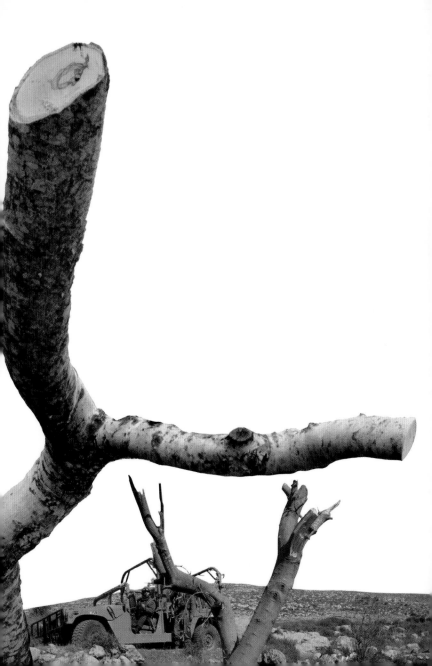

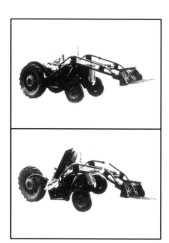

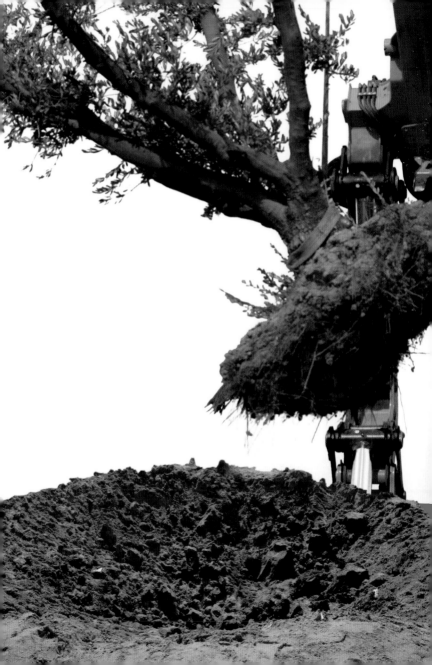

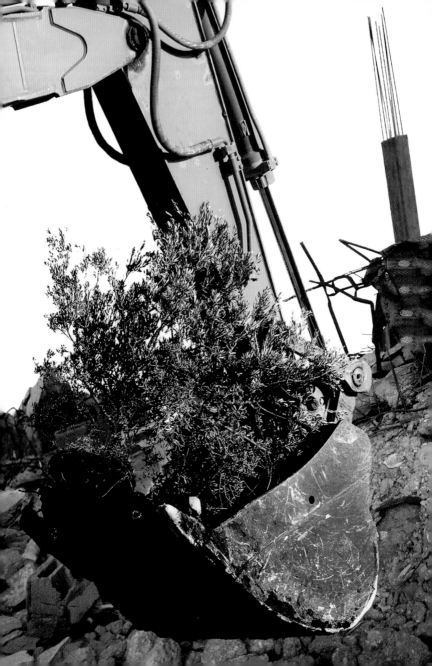

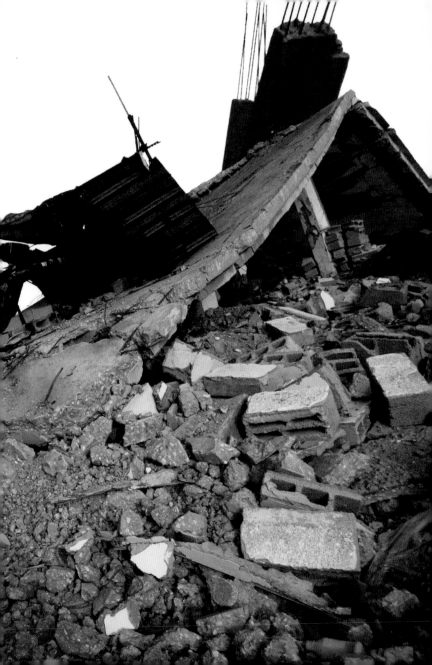

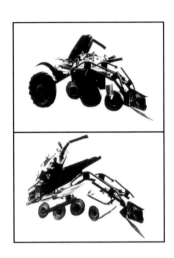

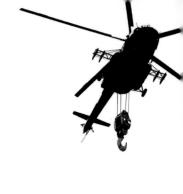

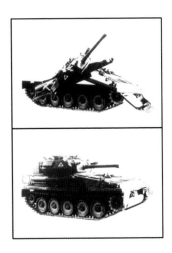

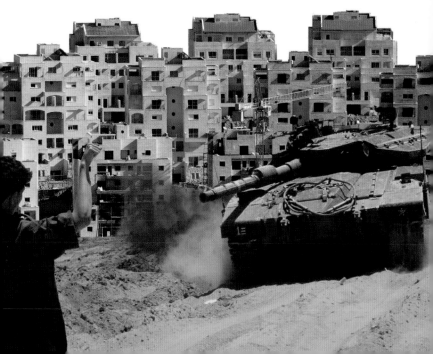
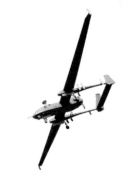

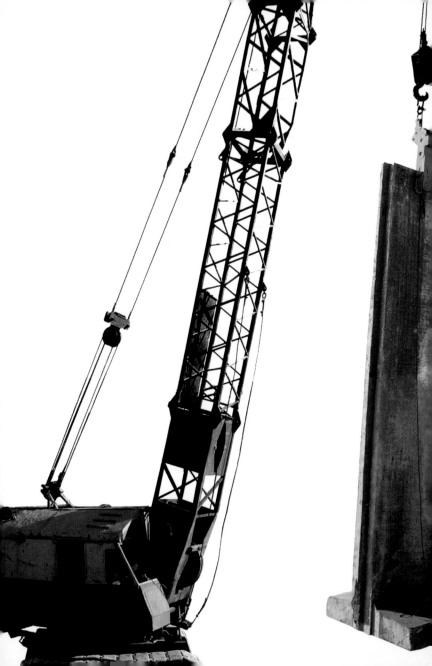

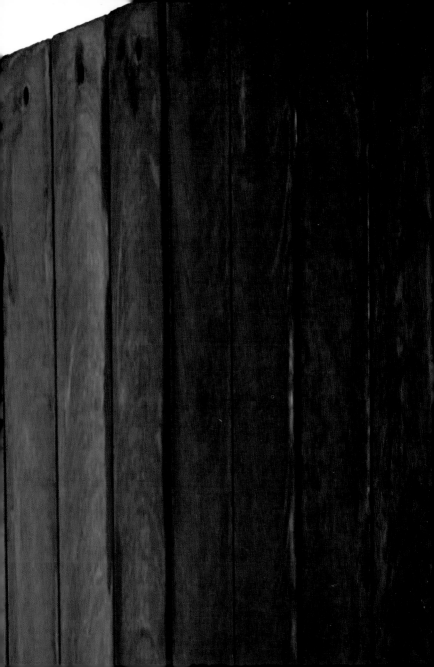

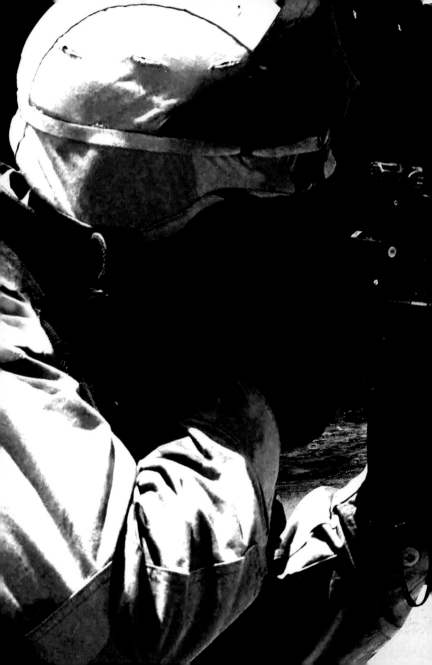

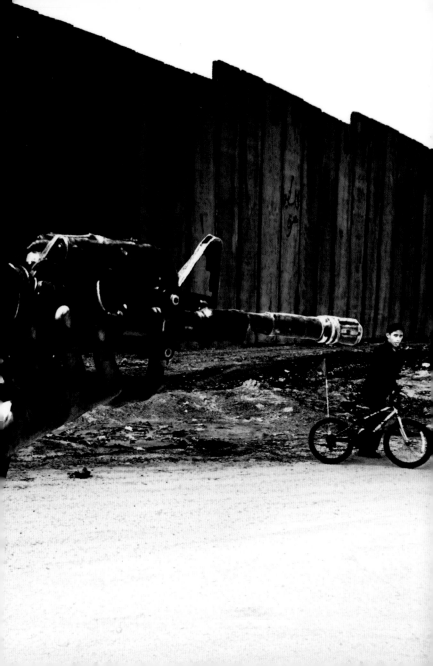

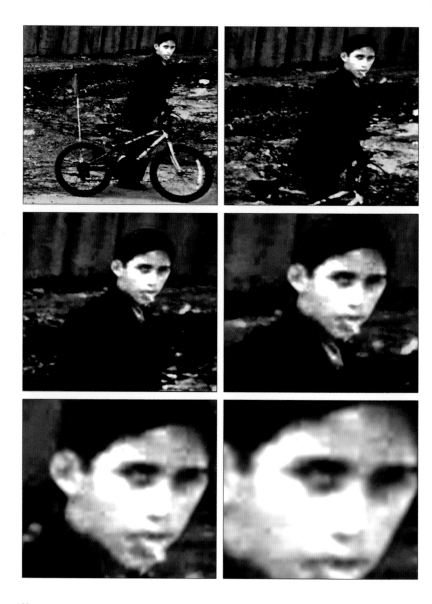

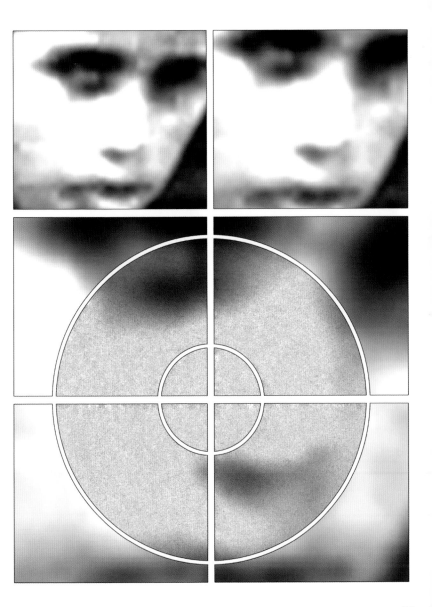

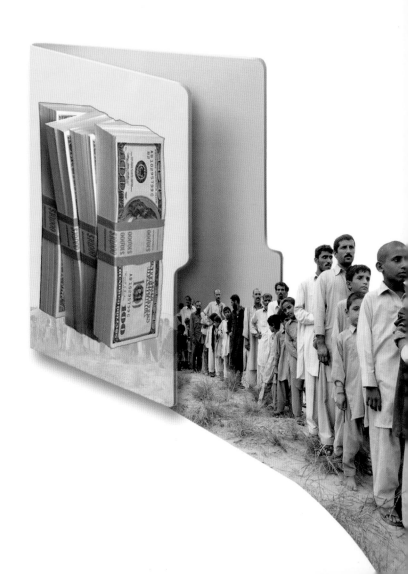

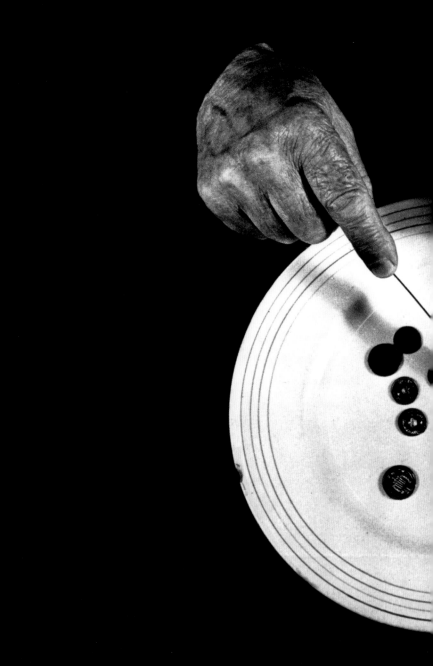

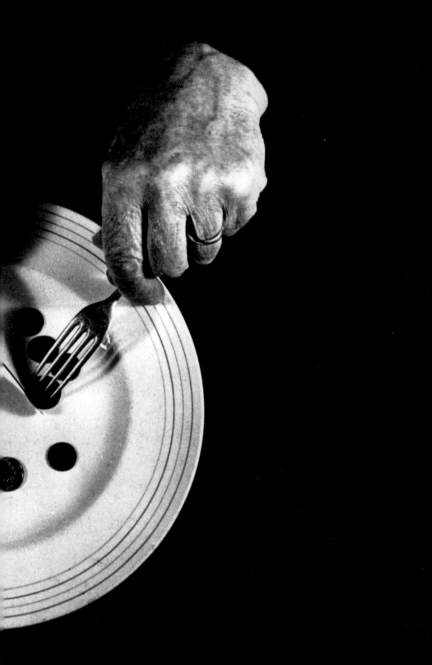

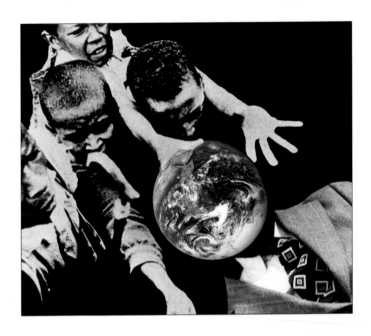

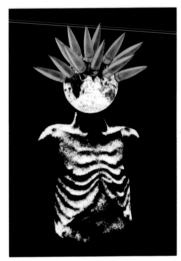

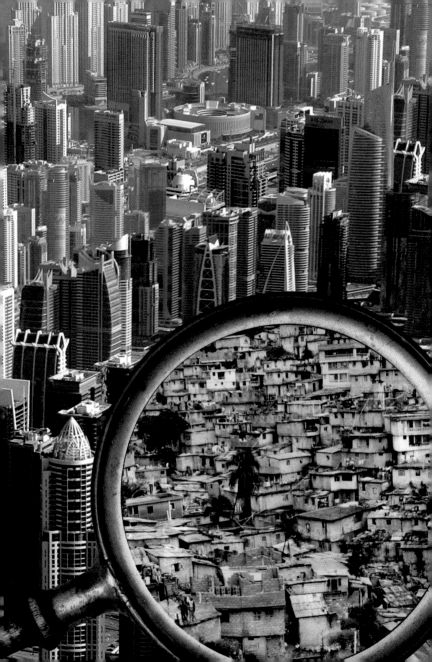

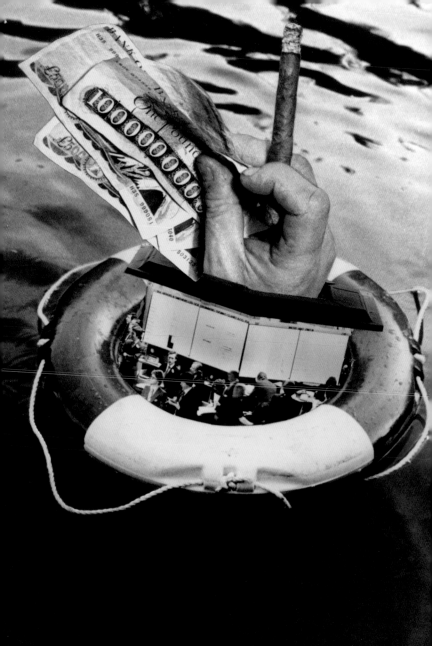

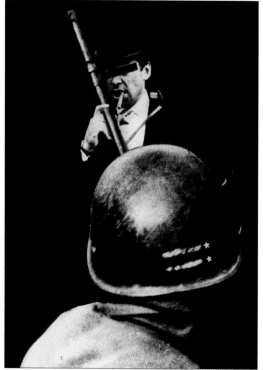
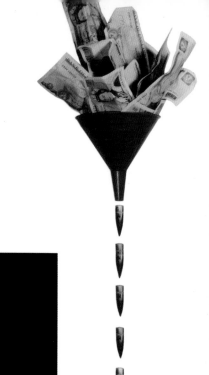

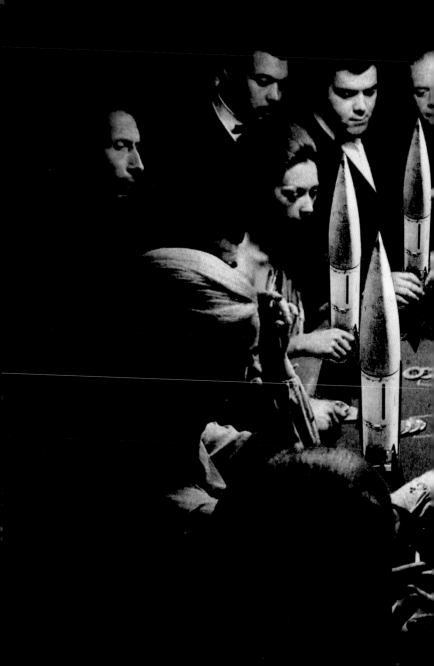

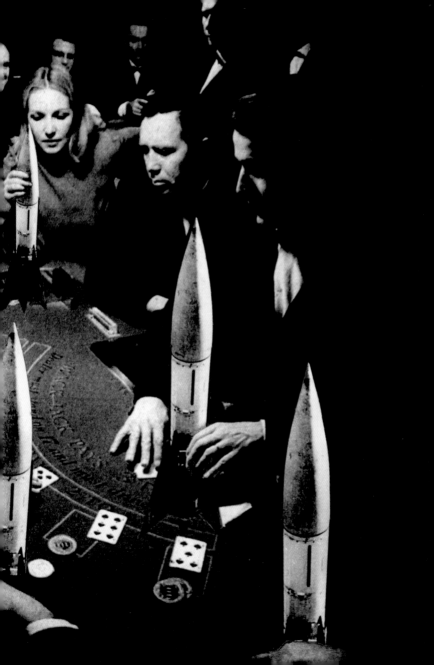

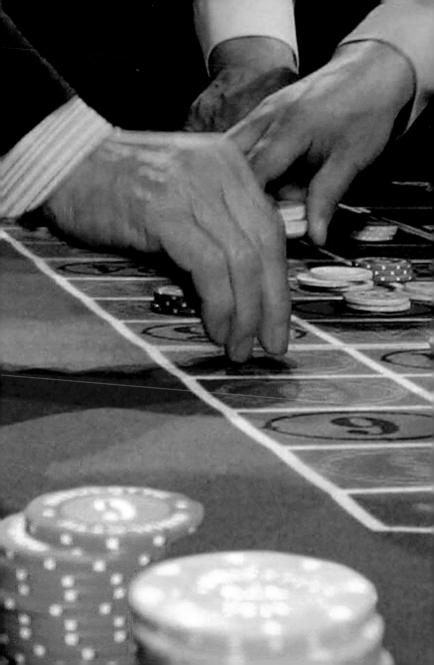

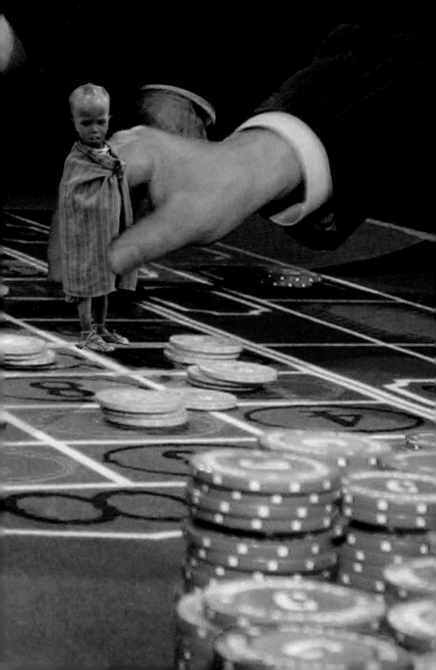

3M 79.59xd	-1.1	90	55.23	2.60	15.76	56,753
ABB 19.28	0.4	24.08	15.52	-	15.42	38,775
AbbottLb...47.56	0.6	56.79	43.45	3.45	13.85	73,412
Accenture..38.34	0.2	44.67	29.38	0.98	16.38	28,181
Ace 49.15	-0.8	55.63	41.14	2.20	6.05	16,645
Adobe 31.63	-0.6	38.20	26	-	47.16	16,651
AEP 31.19xd	-0.3	36.86	24.92	5.29	10.66	14,936
Aflac 42.22xd	-1.2	56.56	28.17	2.65	12.71	19,825
Air China 7.32	0.5	8.80	3.40	-	15.71	4,134
AirLiquide..81.91	0.4	91.16	61.45	2.75	17.43	26,843
AKBank 7.70	0.2	8.25	4.39	1.75	11.32	19,584
Alcon....138.77xd	1.4	166.48	100.12	2.47	19.71	41,569
Allergan..57.66xd	-0.4	65.86	43.08	0.35	23.73	17,534
Allianz SE..80.57	-0.6	95.99	61.13	5.09	6.25	45,266
Allstate......29.84	-0.7	35.51	22.82	2.68	12.95	16,051
AlRahji Bk..78.50	0.3	86.50	59.50	3.50	17.60	31,397
Alstom 38.56	-0.2	55.14	37.81	3.22	9.16	14,025
Altria.......20.85	-0.2	21.91	16.10	6.62	12.65	43,422
AlumChina..6.37	0.3	10.66	5.97	-	-	3,221
Amazon ...122.12	-0.6	151.09	74.55	-	53.42	54,425
Ambev 174	0.1	187.50	123.51	0.70	17.73	25,452
AmerExpr..39.04	-0.8	49.19	22	1.84	19.84	46,897
AmerMvl ...30.24	0.2	32.13	22.83	1.65	12.53	46,569
AmerTower.39.51	-0.9	45	29.02	-	57.81	15,940
Amgen 52.66	0.2	64.76	48.20	-	11.18	50,445
Anadarko...53.19	-1.6	75.07	40.28	0.68	28.11	26,315
AnBshInBv.38.69	0.5	40.65	23.65	0.98	19.06	76,821
AngloAmer.2.53k	-	3.02k	1.54k	-	16.17	48,037
AngloPlat...707.67	36.9	830.99	480.59	-	57.57	23,725
ANZ 21.90xd	0.9	26.23	14.90	7.10	15.12	46,091
Apache 87.35	-2.2	111	65.04	0.69	13.61	29,460
AppldMat.12.49xd	-0.2	14.94	10.31	2.00	39.13	16,777
Apple......246.76	4.4	272.46	121.75	-	20.93	224,536
ArcelorMit23.79xd	-0.4	35.46	20.22	2.56	27.03	45,964
ArcherDan24.92xd	-0.5	33	24.77	2.33	10.25	16,025
AstellasPh2.98kxd	-	3.9k	2.96k	4.18	13.94	15,669
Astra Int....37.9k	-0.1	48.15k	19k	2.28	13.72	16,569

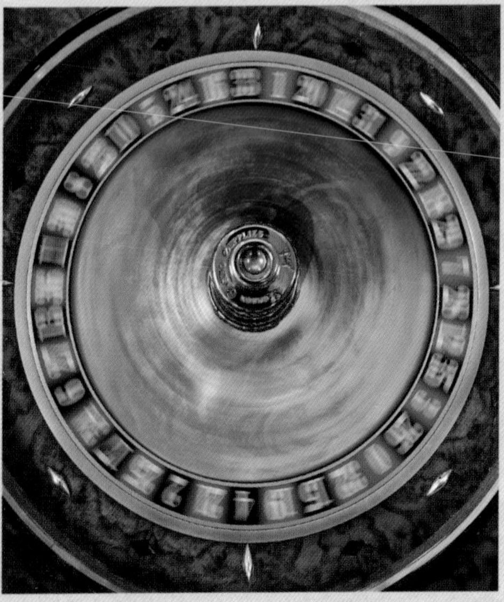

Boeing ...63.15xd	-1.4	76	38.92	2.66	38.08	47,933
Bouygues ..33.29	0.4	40.56	24.95	4.81	8.71	14,626
BP.........493xd	-13.7	658.20	459.25	8.76	6.38	133,470
Bradesco.29.89xd	-0.3	35.16	23.78	0.55	12.10	27,654
BrAmTob...2.01k	-	2.34k	1.64k	4.95	13.80	57,831

Covidien....41.93	0.6	52.48	33.71	1.67	17.98	21,018
CredAgric ...9.40	0.1	15.66	8.62	4.79	15.41	26,986
CredSuisse.45.56	0.5	60.90	42.18	4.39	8.24	46,647
CRH 17.80	-	27.02	14.46	3.51	20.70	15,593
CritCaixa 3.37	-	3.98	3	6.85	8.23	14,044
CSL 31.53	-0.4	37.56	28.43	2.40	14.77	15,060
CSX 50.47	-0.6	57.95	27.72	1.82	16.64	19,644
CVS 33.95	-0.4	38.27	27.38	0.96	13.01	46,202
Daimler.....38.56	-0.3	42.09	23.52	-	-	50,642
Danaher.....78.73	-1.2	87.53	57.04	0.17	21.68	25,559
Danone......40.78	0.4	46.88	32.29	2.94	15.50	32,701
DanskeBk.121.90	0.4	151.90	84	-	-	14,169
DBS 13.60xd	-	15.80	11.16	4.14	14.78	22,075
Deere........56.33	-2.4	63.67	34.91	1.99	24.42	23,884
Dell.........13.44	0.1	17.52	10.63	-	16.69	26,312
Denso 2.51kxd	-	3.04k	2.14k	1.07	22.61	24,493
Deut Bank..47.40	-0.6	60.50	39.35	1.58	5.43	36,426
Deut Post...11.80	-0.1	14.68	8.68	5.08	9.92	17,659
Deut Tlkm...8.79	-0.1	10.60	7.90	8.87	16.28	47,457
DevonEngy 60.99	-2.1	76.79	48.75	1.05	12.37	27,256
Diageo 1.05k	-	1.18k	829	3.49	17.30	38,048
DirectTV....36.78	-0.5	38.56	21.47	-	27.47	33,426
Disney.......32.48	-0.4	37.98	22.05	1.08	17.00	63,614
DnBNOR ...62.40	0.4	71.75	40.44	2.80	10.58	15,642
DominRes..39.25	-0.3	42.55	30.32	4.56	17.09	23,569
DowChem ..25.86	-0.6	32.05	14.22	2.32	46.97	29,866
DukeEner.15.97xd	-	17.93	13.40	6.01	17.83	20,929
DuPont...35.40xd	-0.7	41.37	23.91	4.63	13.23	32,074
E.ON 24.33	-0.3	30.45	22.42	6.17	5.63	60,248
EADS........15.68	-0.2	17.01	10.85	-	-	15,839
EastJpRwy5.97kxd	-	6.75k	5.4k	1.83	16.58	26,390
eBay 21.36	-0.1	28.37	15.77	-	11.59	27,917
EDF 34.58	0.2	42.84	30.65	3.33	16.16	79,124
EMC.........18.06	0.1	20	11.52	-	30.75	37,124
Emerson .45.38xd	-0.6	53.72	30.34	2.94	19.83	34,179
Enbridge .47.39xd	0.3	51.18	37.16	3.36	13.00	16,913
EnCana......31.91	0.3	36.65	27.41	3.32	10.11	22,331

Halliburton .25.65	-1.1	35.22	18.11	1.40	23.53	23,220
HangLngPr 28.80	1.1	32.95	21.70	2.37	5.89	15,342
HangSeng104.80xd	-0.1	127	96.20	4.97	15.16	25,684
HDFC Bk 1.82k	-	2.01k	1.33k	0.66	26.50	17,797
Heineken 33.96	0.6	38.88	23.88	1.91	16.32	20,593

Kellogg.....53.96	-0.1	56	42.84	2.78	15.82	20,540
Kimb-Clark 60.98	-0.6	67.03	50.46	4.13	13.69	25,244
Kohl's.......50.97	-0.8	60.89	40.70	-	14.91	15,647
Komatsu . 1.67kxd	-	2.1k	1.29k	0.95	18.55	18,443
KoreaEP....33.1k	0.3	42.25k	27k	-	-	17,488
KPN.........10.47	0.1	12.59	9.05	6.59	7.37	20,960
Kraft Food ..28.93	-0.8	31.08	24.80	4.01	16.66	50,439
Kyocera ..8.06kxd	-	9.74k	6.56k	1.48	18.14	17,040
Lafarge.....45.23	-0.3	66.59	42.17	4.42	14.73	16,037
Larsen&T...1.63k	-	1.8k	1.25k	0.77	18.17	20,859
Li & Fung ..34.05	-0.3	42.45	19.20	2.21	37.50	16,623
Lilly (E)...32.98xd	-0.1	38	32.20	5.94	8.51	38,031
Linde....... 82.80	-0.6	92	55.86	2.17	20.75	17,311
LlydsBkg ...55.47	-0.3	75.58	39.62	-	-	53,657
Lockheed...79.80	-1.4	87.16	67.39	3.08	10.56	29,606
L'Oreal......73.65	-0.1	83.76	50.72	2.04	23.99	54,626
Lowe's.......24.18	-	28.53	18.02	1.49	20.29	34,901
Lukoil 1.48kxd	-	1.99k	1.28k	3.52	-	40,429
LVMH.....82.85xd	-0.9	92.50	52.75	1.99	22.33	50,217
Manulife .. 16.76xd	-0.1	26.50	16.24	3.10	7.94	27,836
MarathnO 31.60xd	0.2	35.71	27.48	3.07	15.21	22,420
Maroc Tele..145xd	-5.8	164.40	133	7.11	-	14,315
MasterCard209.84	-4.0	269.87	155.51	0.29	17.76	27,449
Maybank 7.25	-0.1	7.77	5.05	1.52	30.93	15,459
McDonald's. 67.66	-0.2	71.84	53.89	3.18	15.95	72,788
McKesson ..68.15	-0.2	71.10	39.38	0.70	14.74	18,495
MedcoHlth .55.79	-0.3	66.84	43.30	-	21.21	25,488
Mediatek.... 499	6.0	590	350	5.23	13.19	16,951
Medtronic . 40.64	0.3	46.66	31.82	2.02	19.20	44,766
Merck 31.86	-0.2	41.56	24.37	4.77	6.28	99,348
Metlife 38.61	-0.9	47.75	26.03	1.92	-	31,666
Metro AG ...42.33	0.4	47.69	33.87	2.79	29.60	16,982
Microsoft.26.27xd	-0.6	31.58	19.45	1.98	13.58	230,226
Millea Hld 2.49kxd	-	2.94k	2.26k	2.00	17.45	22,174
MitsbCp . 1.96kxd	-	2.54k	1.55k	1.93	9.00	36,789
MitsubEst 1.47kxd	-	1.74k	1.24k	0.81	32.96	22,587
MitsubishiEle723xd	3.0	883	532	0.55	18.68	17,156
MitsubTk .. 443xd	-1.0	670	437	2.70	15.65	69,266
Mitsui 1.27kxd	-	1.67k	1.02k	1.42	7.23	25,571
Mizuho Fin .165xd	5.0	274	146	4.83	5.94	28,253
Mobile Tel . 230xd	-	275	150	6.70	-	14,758
MollerMrsk43.46k	-0.2	49.57k	28.2k	0.75	-	15,887
Monsanto ..53.93	-1.0	88	53.08	1.97	22.52	29,422
MorganStly. 25.75	-1.4	35.78	24.85	0.78	-	35,994
Mosaic 44.94	-0.8	68.25	38.37	0.45	34.69	20,016
Motrola......6.73	-0.1	9.45	5.73	2.23	63.25	15,641
Moutai 135.97	1.8	181.06	112.06	0.87	29.43	18,793
MTN Grp ..103.55	5.9	136	95.02	1.85	13.08	24,281
MTR......26.30xd	-0.3	29.90	20.55	1.98	15.53	19,316
MuenchRkv101.70	-0.6	123.45	90.82	5.65	7.66	24,849
NanYaPlast.56.60	-0.3	67.80	38.93	3.37	15.34	13,848
Naspers N. 287.71	10.0	324.90	189.02	0.72	29.91	14,877
NatAusBk ..24.56	0.8	32.37	20.94	8.62	12.32	43,271
Natl Grid . 564.50	1.0	685.50	526.50	6.82	9.83	20,141
NatlOilwell..36.07	-0.8	49	28.11	0.83	9.85	15,114
Nestle......51.10	-1.1	54.65	38.24	3.13	17.56	161,039
NewmontM.52.34	-	59.55	36.78	0.76	15.43	25,304
NewsCpA...12.90	-0.1	17	7.94	1.05	23.04	23,506
Nike........71.34	-0.1	78.52	50.16	1.49	20.33	34,650
Nintendo .26.6kxd	0.6	32.95k	20.14k	3.50	18.84	41,644
NipponStl ..317xd	2.0	407	298	0.47	15.17	23,846
NipponTT 3.78kxd	-0.1	4.37k	3.59k	3.16	11.89	65,668
Nissan Mt ... 679	5.0	845	507	-	18.06	33,922
NLL 14.97xd	-	18.77	14.85	6.68	11.60	74,217
Nokia......7.98xd	-	11.82	7.81	5.01	26.60	36,991
Nomura ... 557xd	-9.0	934	515	1.43	29.63	22,893
Nordea Bk..61.85	-0.5	79.10	56.60	3.92	11.16	31,848
NorfolkS..54.37xd	-0.4	61.59	34.34	2.50	18.94	21,230
NorliskNckl.4.82k	-	5.83k	2.41k	-	-	29,595
NorthrpG...60.25	-0.9	69.75	42.60	2.92	11.59	18,147
Novartis....51.25	-0.6	60.40	41.70	4.10	11.84	116,714
NovlptskStl 100xd	-	85.50	53.50	0.22	-	19,293
NovoB 440.50	-13.9	486.10	258	1.70	22.95	37,551
NTPC......198.20	2.0	241.35	182	1.92	18.49	34,790
NTTDCMo..14kxd	4.2	154.4k	127.5k	3.70	12.34	67,749
OCBC 8.41xd	0.1	9.20	6.42	3.34	13.41	19,404
OccidPet....77.90	-1.5	90.99	58.67	1.76	17.48	63,268

SBI NewA...2.24k
Schlmbrg....57.60
Schneider78.50xd
Schwab(C) .16.22
Seven & I . 2.14kxd
ShinhanFin .43.5k
SHK Props.103.40
ShnEtsuCh4.66kxd
ShngPdgBk. 19.74
SiderNacO26.07xd
Siemens....70.72
SimeDarby ..7.81
SimonProp81.75xd
SingTel......2.87
Sinopec 6.02
SmsungEl .. 758k

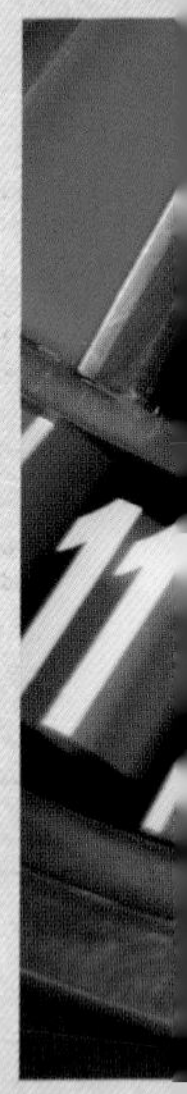

Telefonica ..15.43
Telenor ... 77.10xd
TeliaSonera.45.58
TelkomIndo.. 7.1k
Telstra.........2.95
Tenaris 72.20
Tencenthld147.80xd
Tepco 2.26kxd
Tesco...... 400xd
TevaPha .20.96kxd
TexasInstr ..24.24
TGaBan 6.75
TheTrvelers.48.49
ThmReut .37.20xd
ThrmoFshr .50.97
ThyssenKrp 21.33
TimeWrnr ..29.77
TimeWrnrC.50.66
TJX Cos... 43.95xd
TntoDom ...71.50
Toshiba...... 464
Total SA 37.54
Toyota....3.37kxd
TrnCan 34.65
TrnsOcean..53.96
Tullow 1.04k
TycoInt ...36.36xd

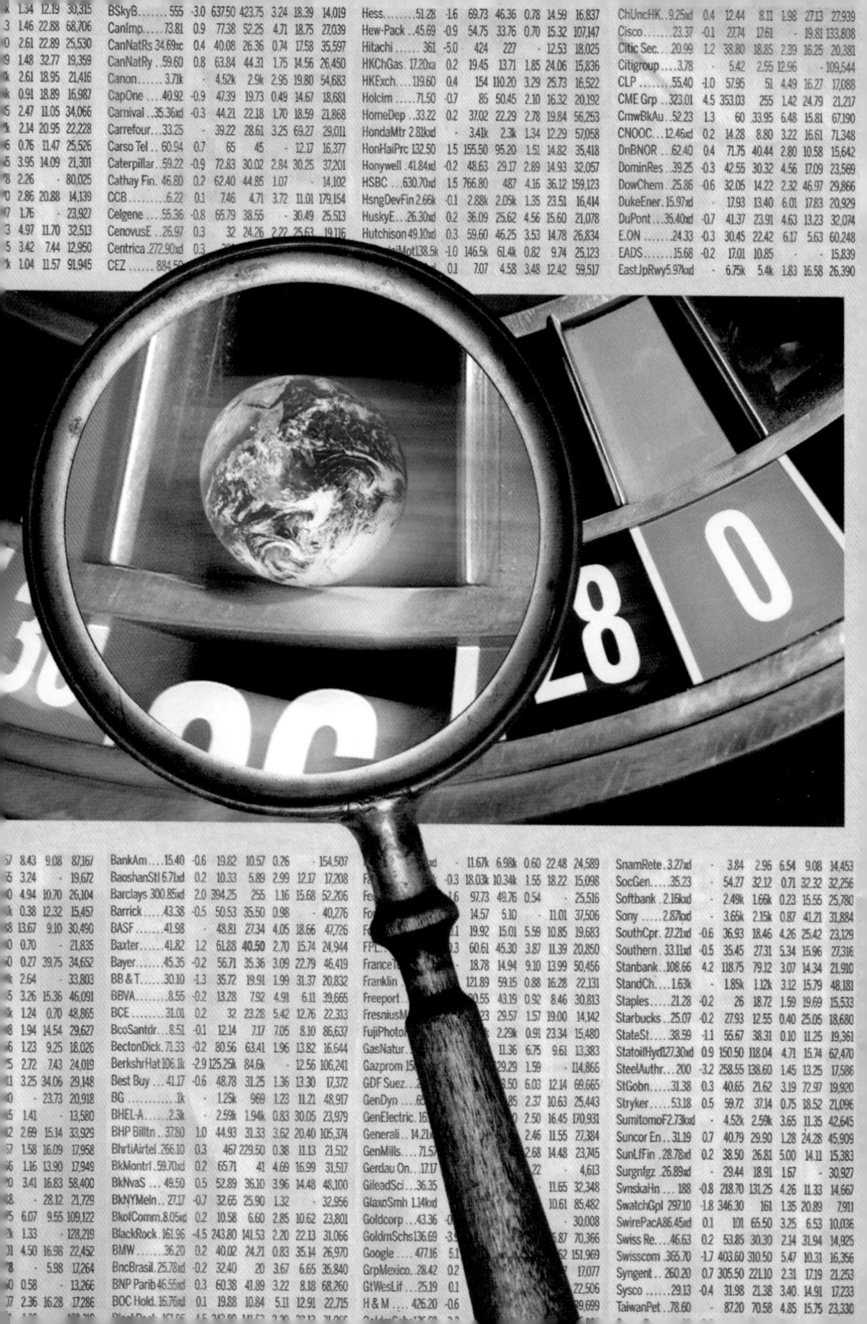

Top-left column:

```
                              1.34 12.19 30,215
BSkyB......555 -3.0 637.50 423.75 3.24 18.29 14,019
                              1.46 22.88 68,706
CanImp....73.81 0.9 77.38 52.25 4.71 18.75 27,039
                              2.61 22.89 25,530
CanNatRs 34.69xc 0.4 40.08 26.36 0.74 17.58 35,597
                              1.48 32.77 19,359
CanNatRy .59.60 0.8 63.84 44.11 1.75 14.56 54,683
                              2.61 18.95 21,416
Canon.....3.71k -  4.52k 2.9k 2.95 19.80 54,650
                              0.91 18.89 16,987
CapOne ..40.92 -0.9 47.39 19.73 0.49 14.67 18,681
                              2.47 11.05 34,066
Carnival .35.36xd -0.3 44.21 22.18 1.70 18.59 21,868
                              2.14 20.95 22,228
Carrefour ...33.25 -  39.22 28.61 3.25 69.27 29,011
                              0.76 11.47 25,526
Carso Tel .60.94 0.7 65 45 - 12.17 16,377
                              3.95 14.09 23,569
Caterpillar 59.22 -0.9 72.83 30.02 2.84 30.25 37,201
                              2.26 - 80,025
Cathay Fin .46.80 0.2 62.40 44.85 1.07 - 14,102
                              2.86 20.88 14,139
CCB......6.22 0.1 7.46 4.71 3.72 11.01 179,154
                              1.76 - 23,927
Celgene ..55.36 -0.8 65.79 38.55 - 30.49 25,513
                              4.97 11.70 32,513
CenovusE .26.97 0.3 32 24.26 2.22 25.63 19,116
                              3.42 7.44 12,950
Centrica .272.90xd 0.3
                              1.04 11.57 91,945
CEZ......884.50
```

Top-right column:

```
Hess......51.28 -1.6 69.73 46.36 0.78 14.59 16,837
Hew-Pack .45.69 -0.9 54.75 33.76 0.70 15.32 107,147
Hitachi ....361 -5.0 424 227 - 12.53 18,025
HKChGas 17.20xa 0.2 19.45 13.71 1.85 24.06 15,836
HKExch..119.60 0.4 154 110.20 3.29 25.73 16,522
Holcim ...71.50 -0.7 85 50.45 2.10 16.32 20,192
HomeDep .33.22 0.2 37.02 22.29 2.78 19.84 56,253
HondaMtr 2.83nd - 3.41k 2.3k 1.34 12.29 57,058
HonHaiPrc 132.50 1.5 155.50 95.20 1.51 14.82 35,418
Honywell 41.84xd -0.2 48.63 29.17 2.89 14.93 32,057
HSBC ...630.70xd 1.5 766.80 487 4.16 36.12 159,123
HsngDevFin 2.66k -0.1 2.88k 2.05k 1.35 23.51 16,444
HuskyE ..26.30xd 0.2 36.09 25.62 4.56 15.60 21,078
Hutchison 49.10xd 0.3 59.60 46.25 3.53 14.78 26,834
HunMot 138.5k -0.1 146.5k 61.4k 0.82 9.74 25,123
              0.1 7.07 4.58 3.48 12.42 59,517
```

Far-right column:

```
ChUncHK .9.25xd 0.4 12.44 8.11 1.98 27.13 27,939
Cisco ....23.37 -0.1 27.74 17.61 - 19.81 133,808
Citic Sec ..20.99 1.2 38.80 18.85 2.39 19.25 20,381
Citigroup ..3.78 -  5.42 2.55 12.96 - 109,544
CLP......55.40 -1.0 57.95 51 4.49 16.27 17,088
CME Grp .323.01 4.5 353.03 255 1.42 24.79 21,217
CmwBkAu .52.23 1.3 60 33.95 6.48 15.81 67,190
CNOOC ..12.46xd 0.2 14.28 8.80 3.22 16.61 71,348
DnBNOR ..62.40 0.4 71.75 40.44 2.80 10.58 15,642
DominRes .39.25 -0.3 45.94 35.46 4.15 17.09 23,569
DowChem .25.86 -0.6 32.05 14.22 2.32 46.97 29,866
DukeEner 15.97xd - 17.93 13.40 6.01 17.83 20,929
DuPont ..35.40xd -0.7 41.37 23.91 4.63 13.23 32,074
E.ON ....24.33 -0.3 30.45 22.42 6.17 5.63 60,248
EADS ....15.68 -0.2 17.01 10.85 - - 15,839
EastJpRwy 5.97xd - 6.75k 5.4k 1.83 16.58 26,390
```

Bottom-left column:

```
                              8.43 9.08 87,167
BankAm...15.40 -0.6 19.82 10.57 0.26 - 154,507
                              3.24 - 19,672
BaoshanStl 6.71xd 0.2 10.33 5.89 2.99 12.17 17,008
                              4.94 10.70 26,104
Barclays 300.85xd 0.2 394.25 255 1.16 15.68 52,206
                              0.38 12.32 15,457
Barrick ..43.38 -0.5 50.53 35.50 0.98 - 40,276
                              13.67 9.10 30,490
BASF ....41.98 -  48.81 27.34 4.05 18.66 47,726
                              0.70 - 21,835
Baxter ...41.82 1.2 61.88 40.50 2.70 15.74 24,944
                              0.27 39.75 34,652
Bayer ....45.35 -0.2 56.71 35.36 3.09 22.79 46,419
                              2.64 - 33,803
BB&T....30.10 -1.3 35.72 19.91 1.99 31.37 20,832
                              3.26 15.36 46,091
BBVA ....8.55 -0.2 13.28 7.92 4.91 6.11 39,665
                              1.24 0.70 48,865
BCE .....31.01 0.2 32 23.28 5.42 12.76 22,313
                              1.94 14.54 29,627
BcoSantdr .8.51 -0.1 12.14 7.17 7.05 8.10 86,637
                              1.23 9.25 18,026
BectonDick 71.33 -0.2 80.56 63.41 1.96 13.82 16,544
                              2.72 7.43 24,019
BerkshrHat 106.1k -2.9 125.29k 84.6k - 12.56 106,241
                              3.25 34.06 29,148
Best Buy ..41.17 -0.6 48.78 31.25 1.36 11.21 17,322
                              - 23.73 20,918
BG ......1k -  1.25k 969 1.23 11.21 48,917
                              1.41 - 13,580
BHEL-A ...2.3k -  2.59k 1.94k 0.83 30.05 23,979
                              2.69 15.14 33,929
BHP Billtn .37.80 1.0 44.93 31.33 3.62 20.40 105,374
                              1.58 16.09 17,958
BhrtiAirtel .266.10 0.3 467 229.50 0.36 11.33 21,512
                              1.16 13.90 17,949
BkMontrl .59.70xd 0.2 65.71 41 4.69 16.99 31,517
                              3.41 16.83 58,400
BkNvaS ...49.50 0.5 52.89 36.10 3.96 14.48 48,100
                              - 28.12 21,739
BkNYMeln .27.17 -0.7 32.65 25.90 1.32 - 32,956
                              5.07 9.55 109,122
BkofComm 8.05xd 0.2 10.58 6.60 2.85 10.62 23,801
                              1.33 - 128,219
BlackRock 161.96 -0.5 243.80 141.53 2.20 22.13 31,066
                              4.50 16.98 22,452
BMW ....36.20 0.2 40.02 24.21 0.83 35.14 26,970
                              - 5.98 12,264
BncBrasil 25.78xd -0.2 32.40 20 3.67 6.65 35,840
                              0.58 - 13,866
BNP Parib 46.55xd 0.3 60.38 41.89 3.22 8.18 68,260
                              2.36 16.28 17,286
BOC Hold .16.76xd 0.1 19.88 10.84 5.11 12.91 22,715
```

Bottom-right column:

```
SnamRete .3.27xd - 3.84 2.96 6.54 9.08 14,453
SocGen...35.23 -  54.27 32.12 0.71 32.32 32,256
Softbank .2.16xd -  2.49k 1.66k 0.23 15.55 25,780
Sony ....2.87xd -  3.66k 2.15k 0.87 41.21 31,884
SouthCpr 27.21xd -0.6 36.93 18.46 4.26 25.42 23,129
Southern 33.11xd -0.5 35.45 27.31 5.34 15.96 27,316
Stanbank .108.66 4.2 118.75 79.12 3.07 14.34 21,910
StandCh...1.63k -  1.85k 1.12k 3.12 15.79 48,181
Staples ...21.28 -0.2 26 18.72 1.59 19.69 15,533
Starbucks .25.07 -0.2 27.93 12.55 0.40 25.05 18,680
StateSt ...38.59 -1.1 55.67 38.31 0.10 11.26 19,361
StatoilHyd 127.30xd 0.9 150.50 118.04 4.71 15.74 62,470
SteelAuthr ..200 -3.2 258.55 136.60 1.45 13.25 17,586
StGobn ...31.38 0.3 40.65 21.62 3.19 72.97 19,920
Stryker ...53.18 0.5 59.72 37.14 0.75 18.52 21,096
SumitomoF 2.73xd - 4.52k 2.59k 3.65 11.35 42,645
Suncor En 31.19 0.7 40.79 29.90 1.28 24.28 45,906
SunLifFin 28.76xd 0.2 38.50 26.81 5.00 14.11 15,283
Surgnfgz 26.89xd - 29.44 18.91 1.67 - 30,927
SvnskaHn ..188 -0.8 218.70 131.25 4.26 11.33 14,667
SwatchGpl 297.10 -1.8 346.30 161 1.35 20.89 7,911
SwirePacA 86.45xd 0.1 101 65.50 3.25 6.53 10,036
Swiss Re...46.63 0.2 53.85 36.69 1.67 31.94 14,925
Swisscom .365.70 -1.7 403.60 310.50 5.47 10.31 16,356
Syngent .290.70 0.7 305.50 221.10 2.31 17.19 21,253
Sysco ...29.13 -0.4 31.98 21.38 3.40 14.91 17,233
TaiwanPet .78.60 -  87.20 70.58 4.85 15.75 23,330
```

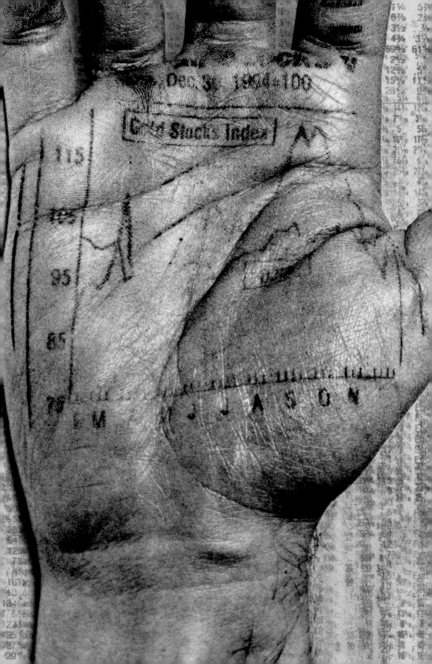

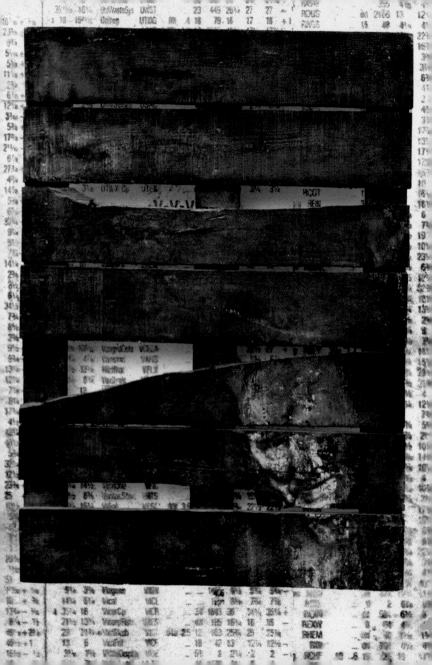

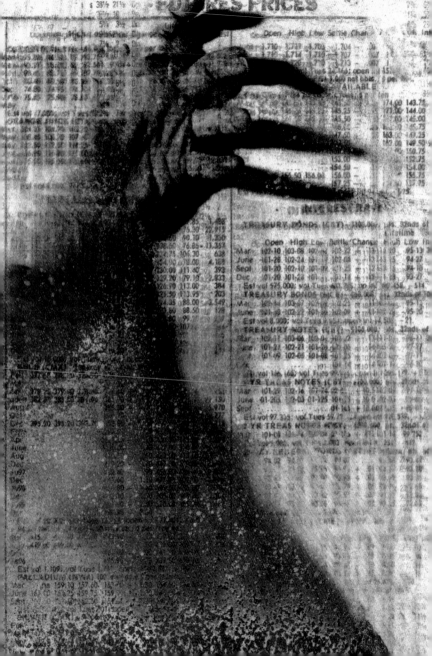

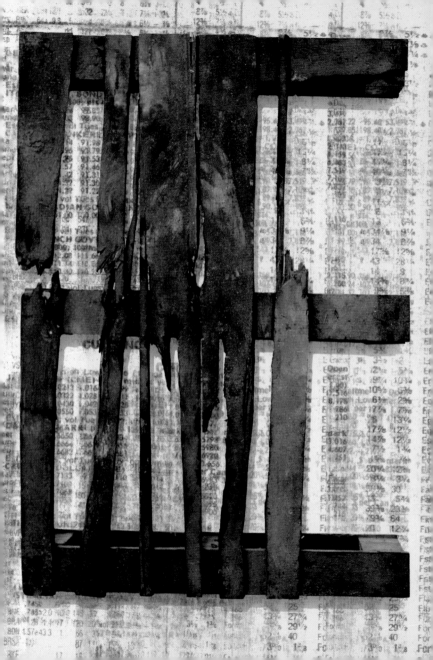

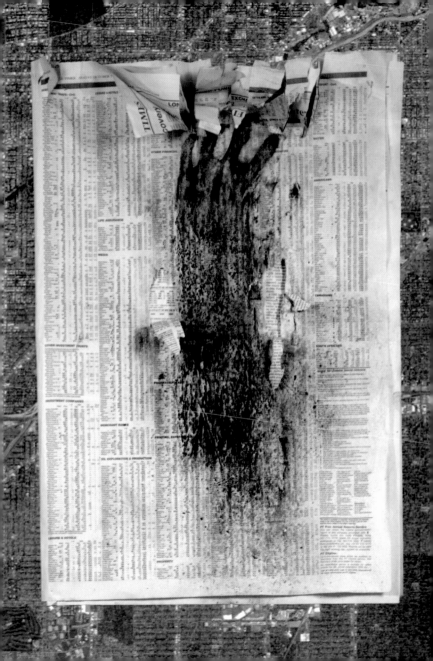

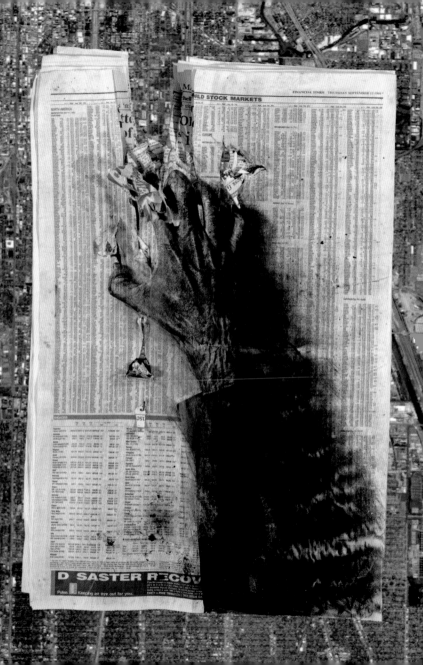

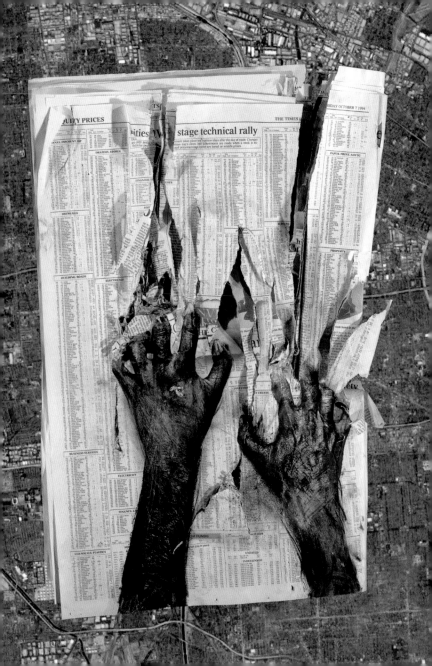

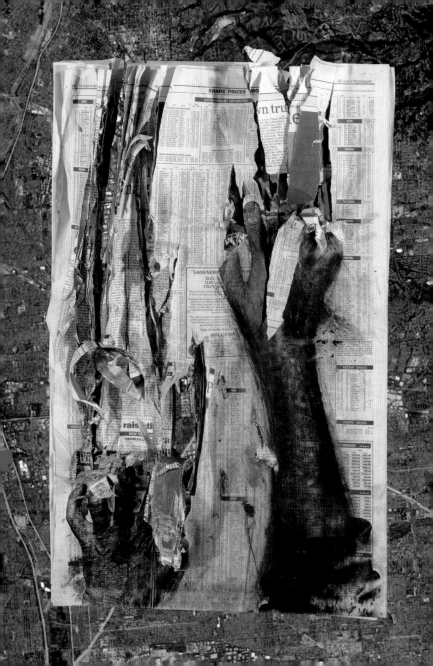

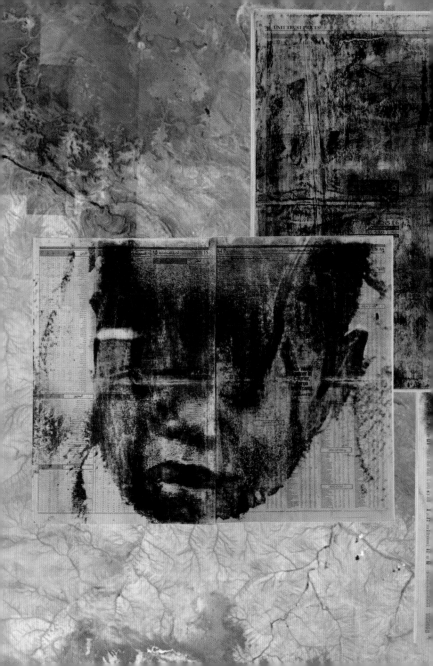

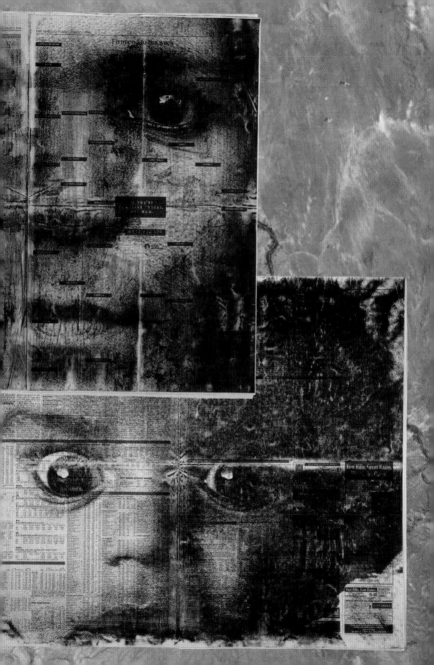

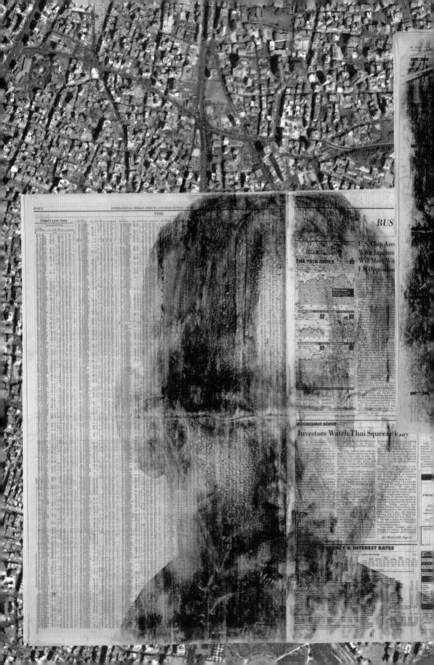

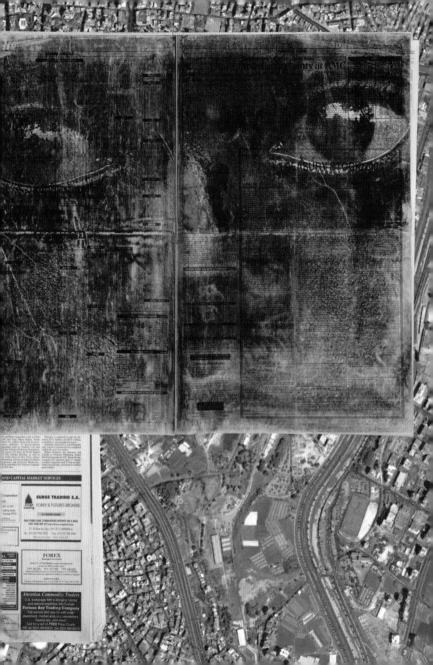

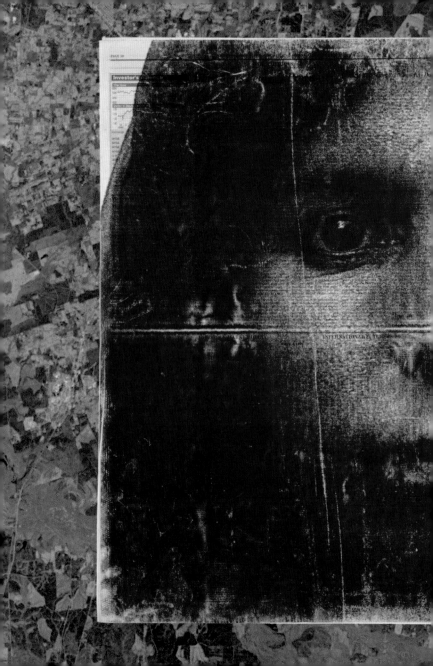

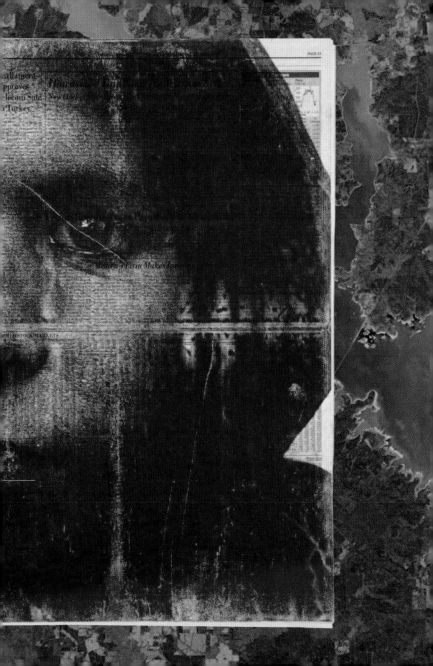

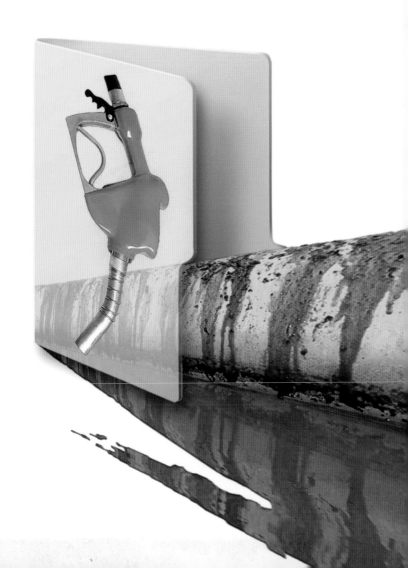

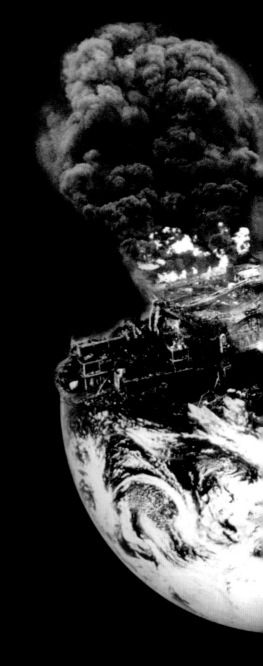

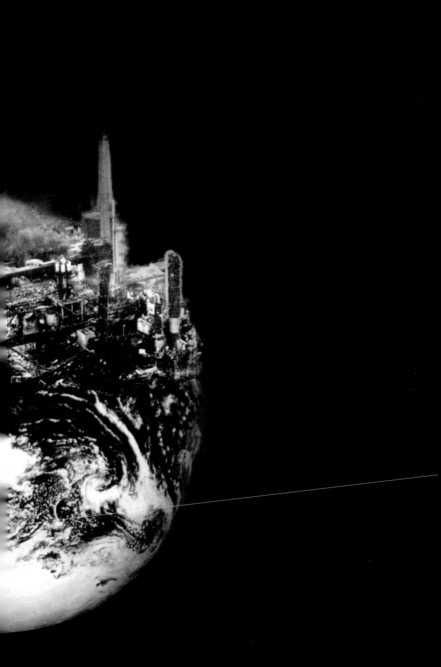

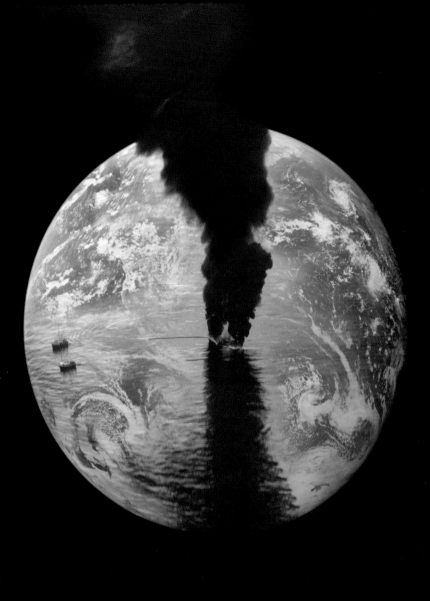

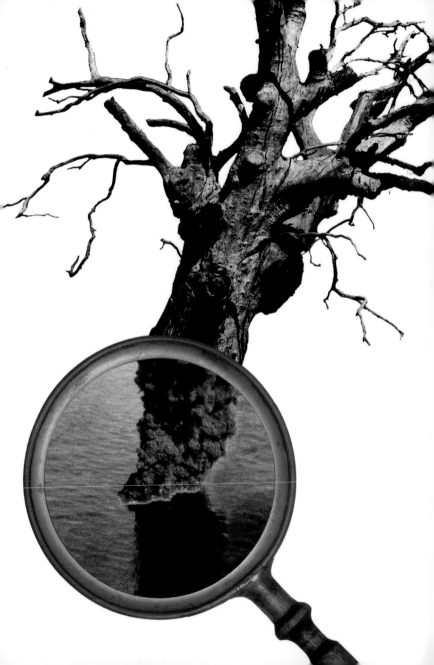

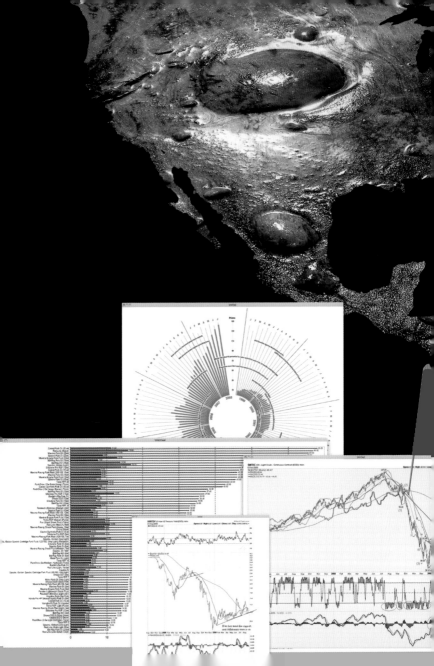

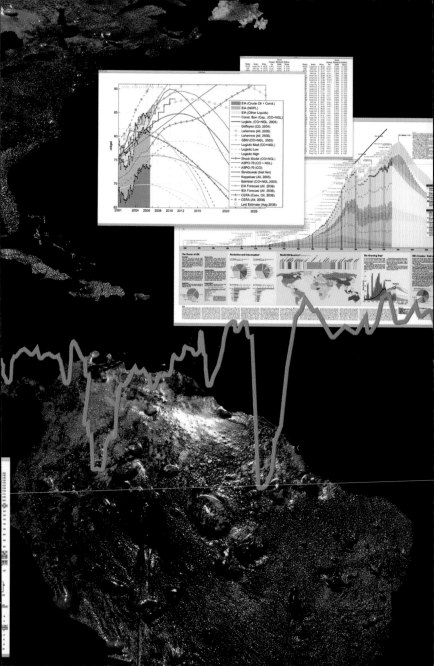

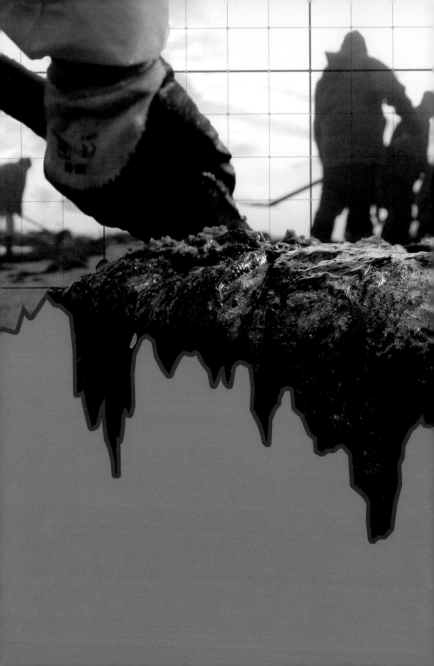

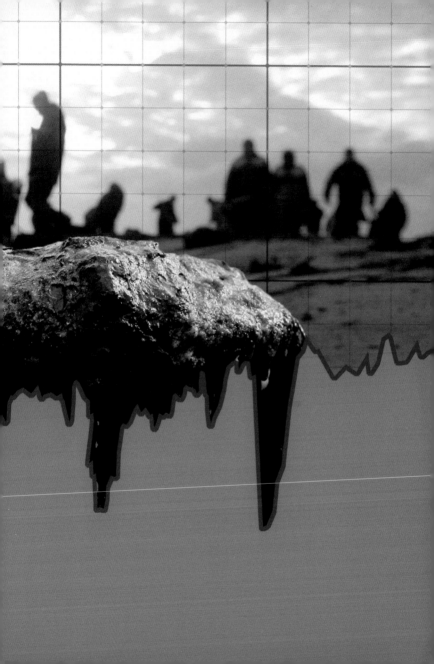

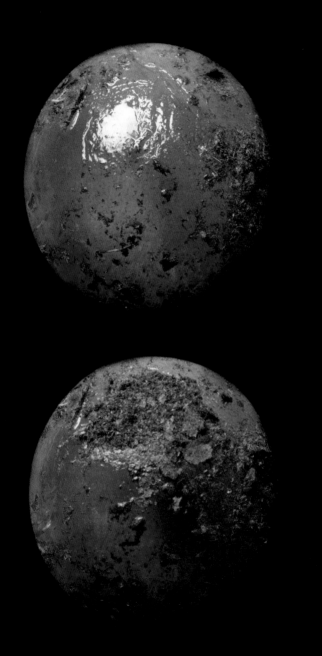

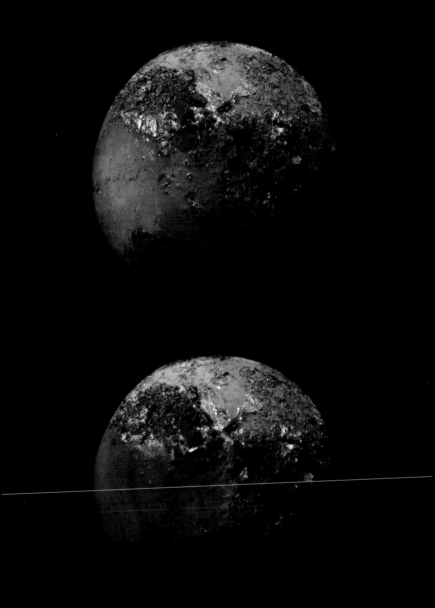

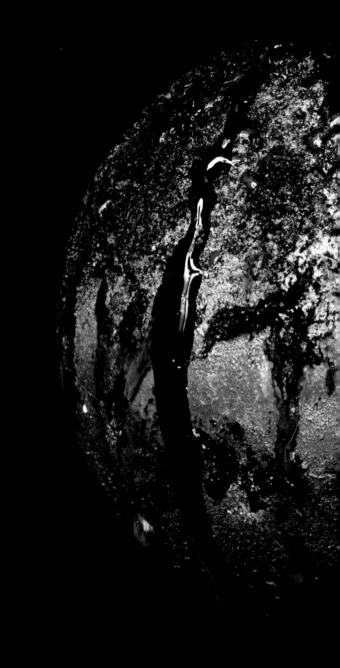

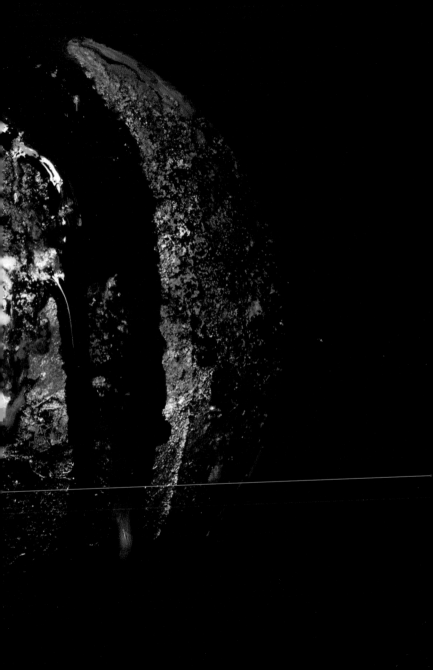

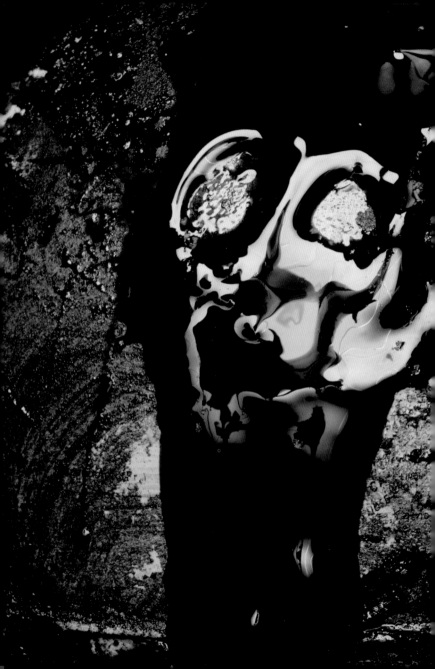

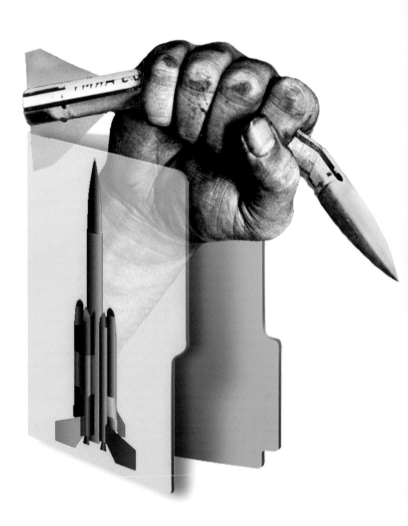

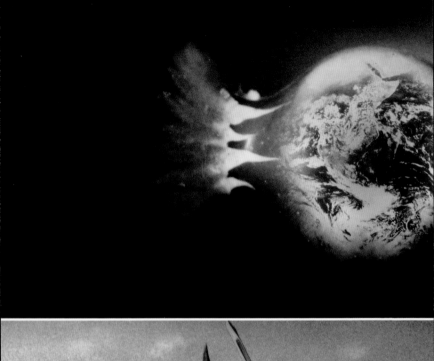

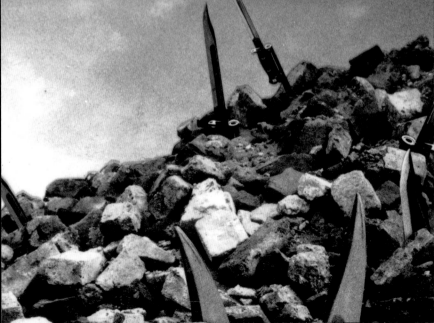

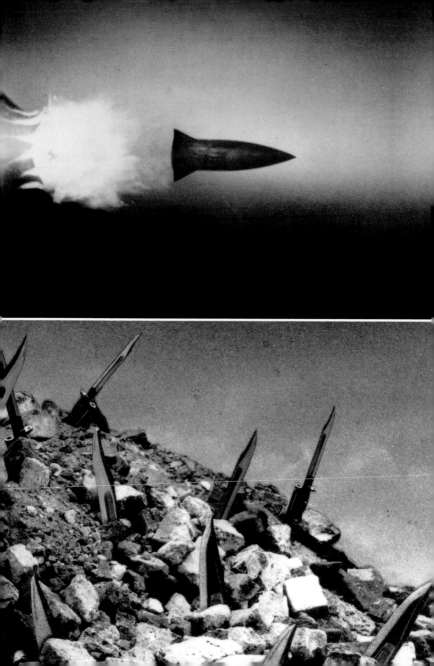

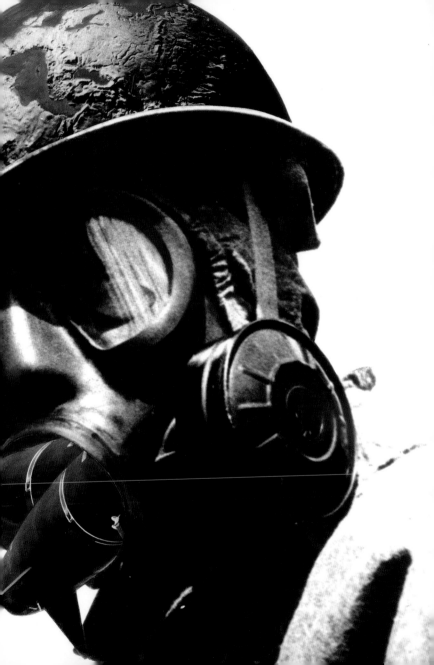

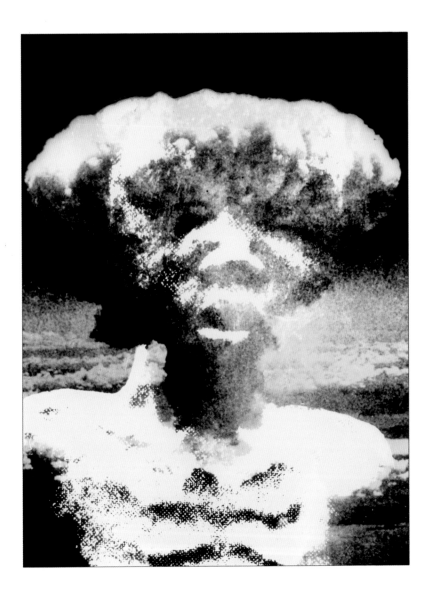

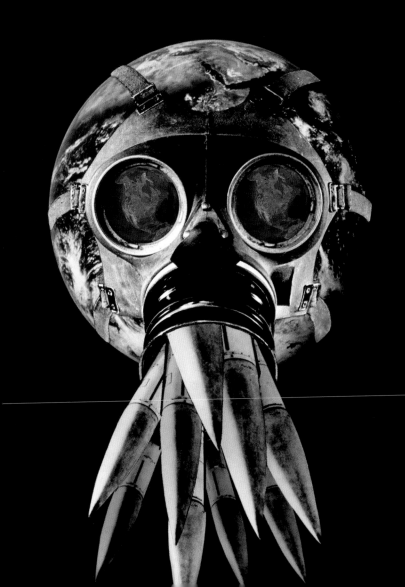

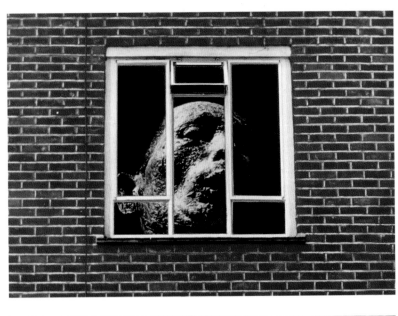

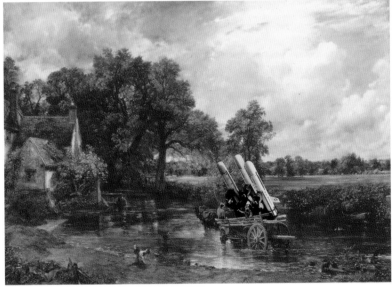

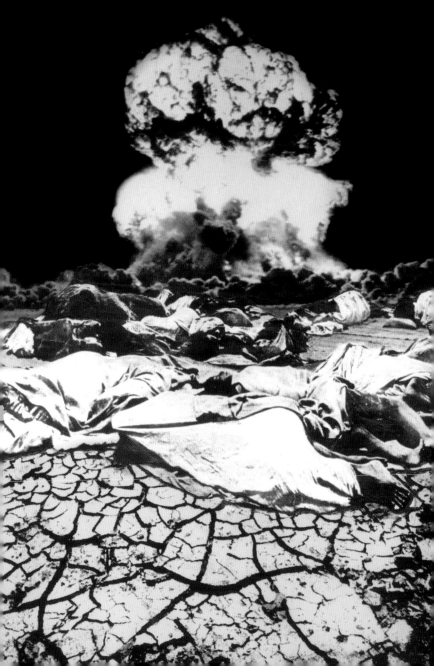

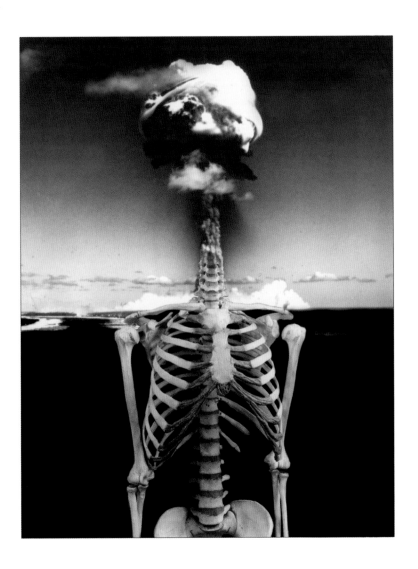

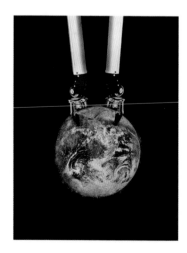

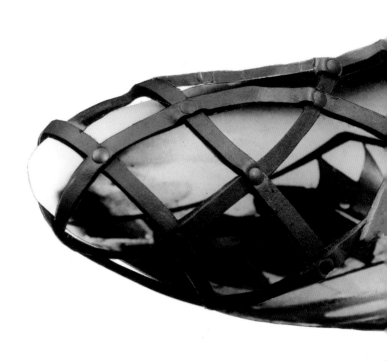

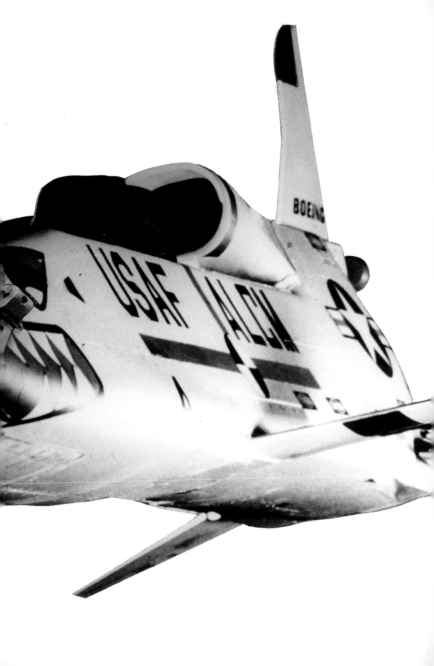

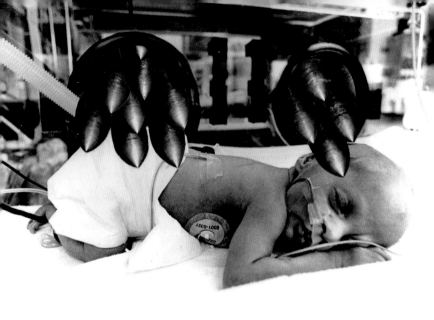

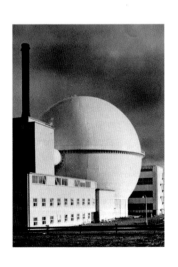
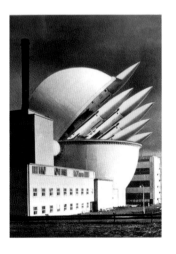

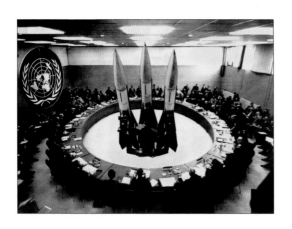

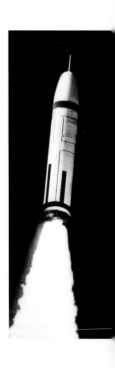

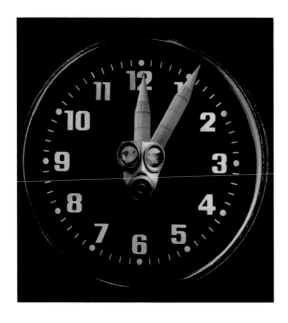

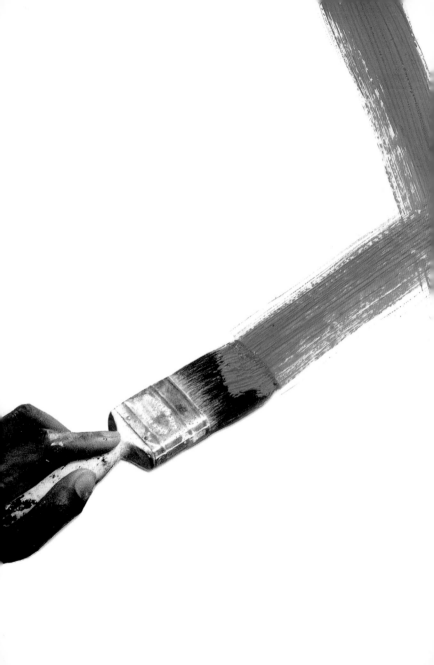

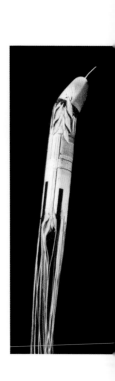

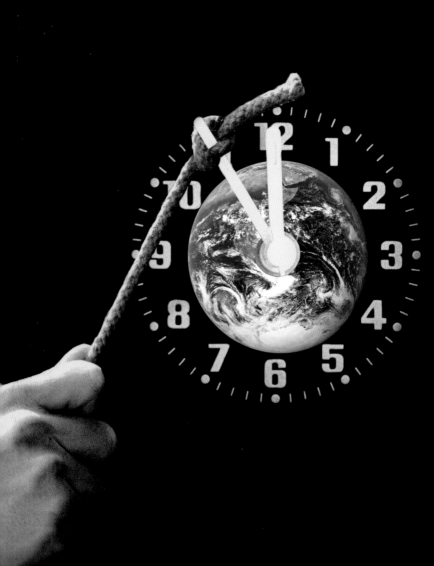

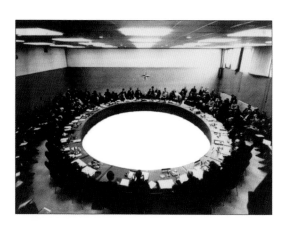

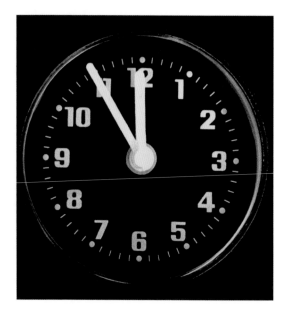

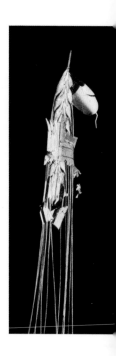

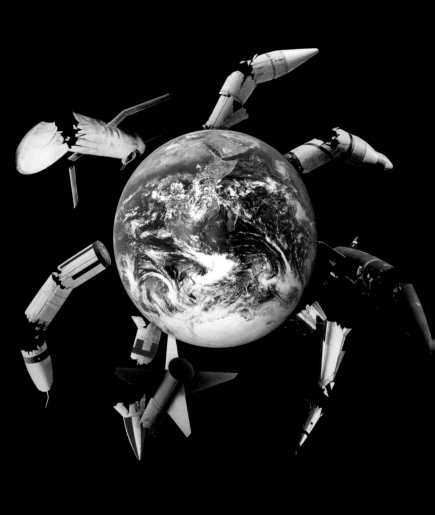

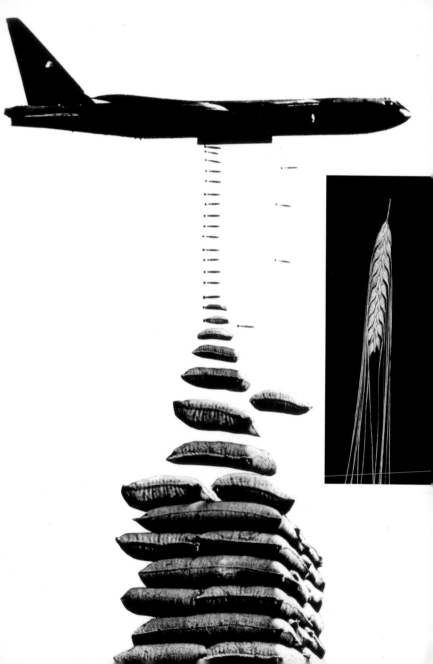

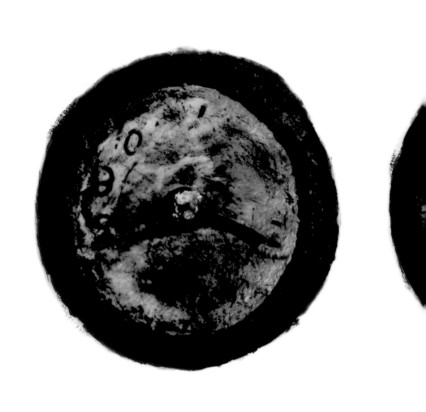

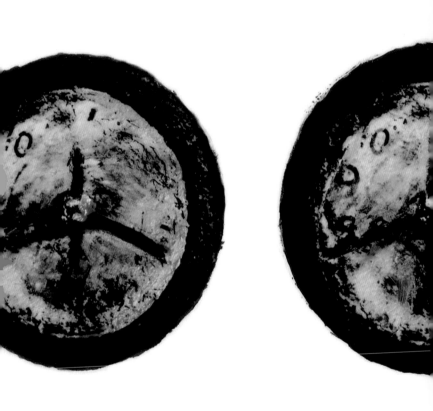

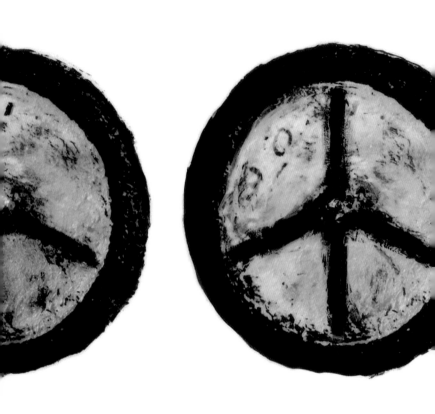

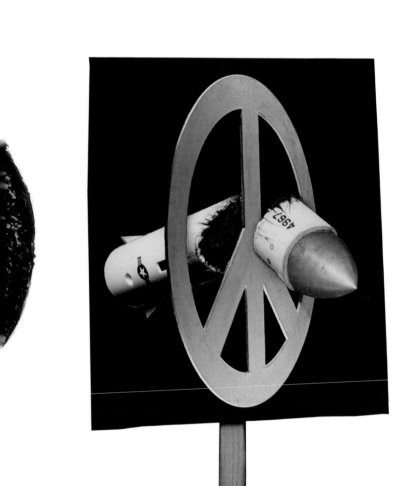

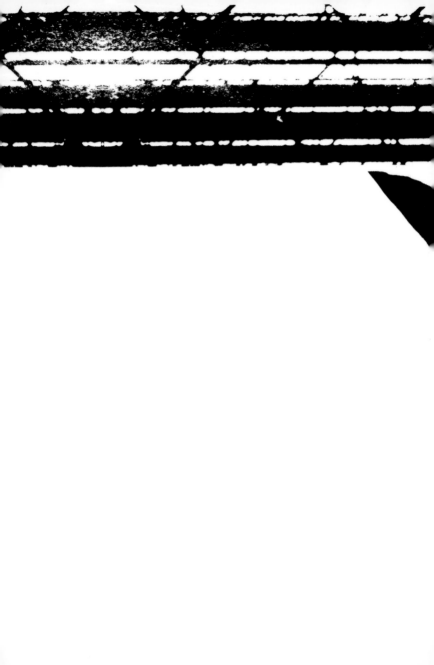

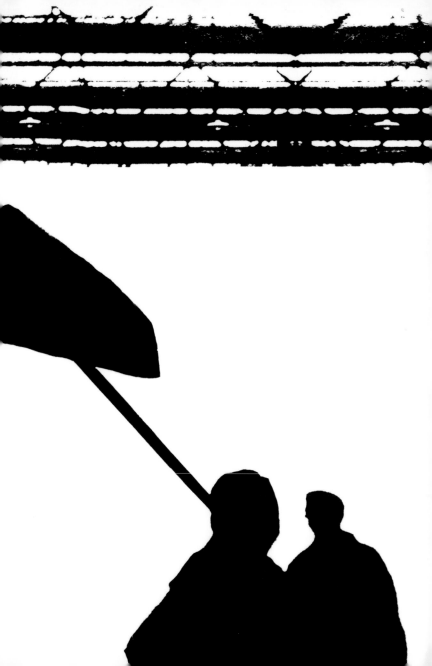

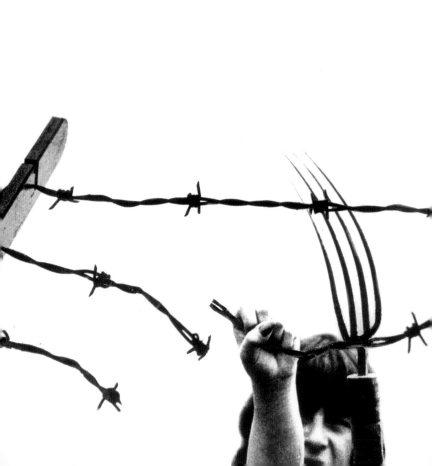

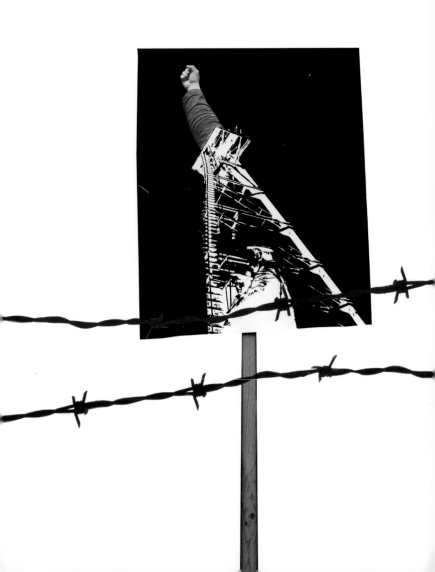

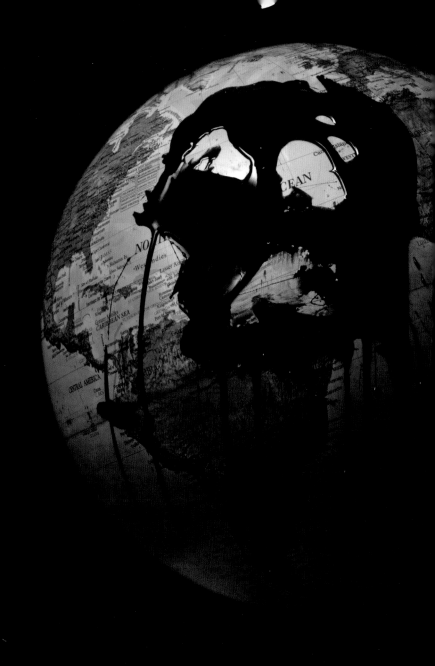

24–25, 32–33, 72–73

 98, 100, 101

 92, 94, 95, 96–97, 98, 102–103

 116, 122–123, 124–125, 126–127, 128–129, 130–131, 132–133, 134–135, 136–137, 138–139, 146–147, 148–149

 12–13, 14–15, 86–87, 96–97, 158–159

 162, 165, 166

 64–65, 66–67, 68–69, 82, 109

 171, 174, 175

 178–179, 180–181

160–161, 163, 171

 114, 118–119, 158–159, 160–161, 163, 164, 167, 168–169, 170, 171, 173, 175, 176, 177, 181

 32–33, 34–35, 36–37, 38, 40, 43

 42, 44–45, 54, 55, 56–57, 58–59, 60, 70–71, 72–73, 106–107, 117, 160–161

 39, 40, 41, 56–57, 78–79

 62–63, 171, 175

 74–75, 76–77, 78–79, 80, 81, 82, 83, 84, 85, 86–87, 88–89

 102–103, 104–105, 106–107, 108

 118–119, 120–121, 122–123

6, 7, 8, 9, 10, 16–17, 18–19, 26–27, 46–47, 70–71, 74–75 114, 122–123, 142–143, 144, 150–151, 152–153, 158–159, 160–161, 163, 167, 174, 176, 188

 30–31, 35, 114, 154–155, 186–187

 11, 12–13, 14–15, 16–17, 170

 8, 9, 10, 11, 21

 22–23, 24–25, 93, 95, 96–97, 145

 20, 22–23, 24–25, 30–31, 32–33, 34–35

 8, 9, 10, 18–19, 20–21, 22–23, 165

 21

 61, 142–143, 144, 145, 146–147, 148–149, 150–151, 152–153, 154–155, 186–187

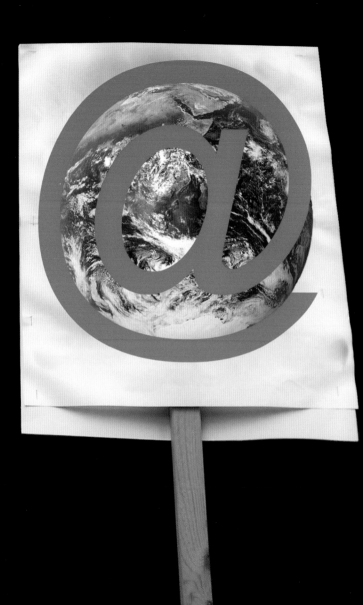